本书由河北大学燕赵文化研究院学科建设经费和
河北省普通高等学校青年拔尖人才项目资助出版

服务投入、企业出口与产业升级

王智新　陆相林　张寒蒙　著

知识产权出版社
全国百佳图书出版单位
·北京·

图书在版编目（CIP）数据

服务投入、企业出口与产业升级 / 王智新, 陆相林, 张寒蒙著 .—北京：知识产权出版社, 2020.12

ISBN 978-7-5130-7305-9

Ⅰ.①服… Ⅱ.①王… ②陆… ③张… Ⅲ.①企业管理—出口贸易—研究—中国 Ⅳ.①F752.62

中国版本图书馆 CIP 数据核字（2020）第 220586 号

内容提要

随着经济全球化不断加深和国际产业分工深化，基于最终产品的传统分工模式正在逐步转变为基于全球价值链的现代分工模式。这种趋势正在深刻影响全球经济格局和国际政治关系。在此背景下，本书较为系统全面地研究了服务投入、企业出口与产业升级问题，详细阐述了服务投入影响企业出口及产业升级的内在机理，丰富了异质性企业贸易理论内涵，对我国企业开展国际化提供重要的理论支撑和现实指导。

责任编辑：张　珑　　　　　　　　　　　　责任印制：孙婷婷

服务投入、企业出口与产业升级
FUWU TOURU QIYE CHUKOU YU CHANYE SHENGJI

王智新　陆相林　张寒蒙　著

出版发行：	知识产权出版社有限责任公司	网　　址：	http://www.ipph.cn	
电　　话：	010-82004826		http://www.laichushu.com	
社　　址：	北京市海淀区气象路 50 号院	邮　　编：	100081	
责编电话：	010-82000860 转 8574	责编邮箱：	laichushu@cnipr.com	
发行电话：	010-82000860 转 8101	发行传真：	010-82000893	
印　　刷：	北京虎彩文化传播有限公司	经　　销：	各大网上书店、新华书店及相关专业书店	
开　　本：	720mm×1000mm　1/16	印　　张：	14.25	
版　　次：	2020 年 12 月第 1 版	印　　次：	2020 年 12 月第 1 次印刷	
字　　数：	230 千字	定　　价：	68.00 元	
ISBN 978-7-5130-7305-9				

出版权专有　侵权必究

如有印装质量问题，本社负责调换。

目　　录

第一章　导论 ··· 001
　　第一节　提出问题 ··· 001
　　第二节　研究思路和方法 ·· 005
　　第三节　研究内容与重点 ·· 007
　　第四节　可能的创新之处 ·· 008

第二章　相关理论与文献综述 ··· 010
　　第一节　异质性企业贸易理论综述 ···································· 010
　　第二节　服务投入与企业出口文献综述 ···························· 013
　　第三节　教育服务投入与产业升级 ···································· 017
　　第四节　研究评述 ··· 020

第三章　服务投入与中国制造业企业出口 ····························· 022
　　第一节　服务投入与企业出口的典型事实 ························· 022
　　第二节　研究设计 ··· 023
　　第三节　理论分析 ··· 024
　　第四节　计量模型构建与指标选择 ···································· 025
　　第五节　服务投入影响企业出口的回归结果分析 ··············· 031
　　第六节　服务投入影响中国制造业企业出口的机制检验 ····· 041

第四章　法律服务与中国制造业企业出口……047
第一节　法律服务与企业出口：一个宏观的视角 …………047
第二节　提出问题……………………………………048
第三节　法律服务与我国制造业企业出口的典型事实 ………049
第四节　实证分析设计…………………………………053
第五节　法律服务影响制造业企业出口的估计结果分析 ……055

第五章　电子商务与服务企业出口……067
第一节　电子商务是否影响服务企业出口 …………………067
第二节　数据库介绍及指标选择 ………………………069
第三节　电子商务影响服务企业出口的回归结果分析 ………073
第四节　稳健性检验……………………………………079

第六章　服务创新与企业出口速度……087
第一节　企业出口是否有速度 …………………………087
第二节　研究假设………………………………………092
第三节　变量、研究方法与数据处理 ……………………095
第四节　回归结果分析…………………………………100
第五节　结论……………………………………………107

第七章　空气污染与出口增长……109
第一节　提出问题………………………………………109
第二节　评述与改进之处………………………………112
第三节　理论模型分析…………………………………115
第四节　理论模型、数据来源与指标测算 ………………118
第五节　模型估计与实证分析 …………………………122
第六节　PM2.5浓度影响出口增长二元边际的内在机制分析 ……135
第七节　主要结论与启示………………………………139

第八章　合作研发、融资约束缓解与企业技术创新······142
第一节　提出问题······142
第二节　理论分析和研究假说的提出······144
第三节　数据来源、构建模型与指标测算······146
第四节　计量结果回归与分析······149
第五节　稳健性检验······154
第六节　进一步回归分析······157
第七节　研究结论与政策建议······162

第九章　教育投入与产业升级······164
第一节　提出问题······164
第二节　人力资本对生产率的影响：一个对比······165
第三节　研究设计······166
第四节　估计结果与分析······169
第五节　结论······177

第十章　研究结论展望······178
第一节　基于全过程的服务投入与企业出口速度问题······178
第二节　跨国企业相关问题研究······179
第三节　贸易中介对企业国际化的影响······180
第四节　我国企业出口贸易与双向投资良性互动机制研究······180

参考文献······185
后记······218

第一章 导 论

第一节 提出问题

一、提出问题 ❶

以亚当·斯密和大卫·李嘉图为代表的古典经济学家和以赫克歇尔和俄林为代表的新古典经济学家先后对早期的资本主义国家和部分发展中国家之间的贸易基础、贸易模式和利益分配等问题进行了研究,但涉及企业国际化模式选择不多。因为在这个历史时期,国家是贸易活动的主要参与者,国与国之间的界限比较"明显",经济体之间非常松散,绝大部分贸易活动是建立在发达国家的工业制成品与发展中国家的初级产品之间的产业间贸易,参与贸易的国家均能获得收益,真正的大规模企业国际化活动还没有正式开始。所以,这个时期的贸易理论在市场完全竞争、规模报酬不变、需求偏好相似和要素国内流动等假设条件下,以不同国家产业间贸易为研究对象,以各个国家比较优势为研究重点,以各国比较优势开展贸易能够增加社会福祉为研究结论。一般均衡模型应用于企业所在国家或产业,企业边界局限于国内,企业规模模糊不清。由此可见,这个时期的理论假定国家内所有企业都是同质的,彼此之间不存在差异,基本上既不研究企业规模,又不研究企业边界。

---

❶ 部分内容引用:王智新.异质性企业创新与国际化模式选择研究[M].北京:人民出版社,2020:1-4.

第二次世界大战后,随着和平和发展成为世界各国的共识,国际贸易领域出现了以下一些新变化:发达国家之间的贸易占据世界贸易总量的绝对份额,跨国公司开始出现并且逐渐成为国际贸易的主导力量,产业内贸易取代产业间贸易成为国际贸易领域的代表形式,不完全竞争代替完全竞争成为国际贸易市场的典型特征等。由于这些现象已经超出了古典贸易理论和新古典贸易理论的研究范畴,理论界和实务界迫切希望能有一种全新的贸易理论来解释这些变化。20世纪80年代初,以保罗·克鲁格曼(Paul Krugman)为主要代表的一批经济学家利用产业组织理论和市场结构理论,用不完全竞争、规模报酬递增、多样化偏好和产品异质性的概念和思想来构筑新的贸易理论体系,解释第二次世界大战结束以来国际贸易领域呈现的新变化、新特点和新格局。新贸易理论认为,生产率差异或要素禀赋差异并不是进行国际贸易的必要条件。贸易收益不仅来源于比较优势,而且来自规模报酬、产品差异、市场竞争、重叠需求、先行优势等。贸易成本产生于市场风险、行业调整、技术升级、偏好转移、市场规模等方面。开展国际贸易可能是扩大市场规模、增加竞争程度和获取规模收益的途径。所以,参与国际贸易并不一定都能获取贸易收益,利益受损的可能性依然存在。另外,新贸易理论抛弃了新古典理论割裂贸易与投资之间联系的做法,认为国际贸易与国际投资是企业进入国际市场的不同模式。不过,虽然新贸易理论以产业为研究对象,触及了产品差异和企业规模,但是为了研究简便,仍然选用典型企业,所有企业的技术水平、市场规模、产品质量、研究开发等因素同质,既没有考虑不同企业间的差异,也没用考虑企业的边界问题。

进入21世纪,国际贸易领域又出现了一些新变化。研究成果表明,一个国家大多数企业仅在国内生产,服务国内消费者,一些企业采取直接出口模式或间接出口模式供应于国际市场,还有一些企业采取跨国并购模式或绿地投资模式驰骋全球。一些跨国公司内部贸易蓬勃发展,与此相对照,另一些跨国公司只专注自身核心竞争力业务,不断将部分业务按照全球价值链的组织规模、地理分布与生产性主体发包给其他公司。然而,着眼于产业层面的新贸易理论无法解释这些来自微观数据揭示的异质性企业贸易现象。因此，国际贸易理论又一次面临着突破、拓展和创新。以梅利兹（Melitz，2003）为代表的新新贸易理论突破了新古典贸易理论和新贸易理论，将研究聚焦于异质性企业，构建了异质性企业贸易理论模型，研究企业的贸易行为、投资选择与全球生产组织模式选择。

与此同时，随着经济全球化不断加深和国际产业分工深化，基于最终产品的传统分工模式正在逐步转变为基于全球价值链的现代分工模式。这种趋势强势来袭，势不可挡，正在深刻影响全球经济格局和国际政治关系，已取得越来越多的国际组织、国家（地区）和跨国公司的共识。经过四十多年的改革开放，目前我国是世界上最大的发展中国家、世界第二大经济体、第一大制造大国、第一大出口国，还是货物贸易和服务贸易大国，吸收外资和对外投资大国。可以说，在过去几十年中，面对西方发达国家主导的国际经济新格局，在资金比较匮乏、制度很不健全、技术相对落后等不利情况下，我国制造业凭借丰富的自然资源、低廉的人力资本、灵活的开放政策等，充分发挥相对比较优势，目前已经深度嵌入全球价值链分工体系中。一国参与全球价值链分工的程度越深，生产和交易的环节也就越多，生产阶段数越大，价值链越长，创造价值的能力也就越高。从理论上来说，一国参与全球价值链分工的程度又与该国对于以知识和技术为基础的设计、研发、销售、咨询、物流等服务投入的高低密切相关。随着我国市场制度的不断完善，服务业的快速发展，服务投入种类越来越多样化，数量也越来越多，服务的相对价格越来越低（特别是运输和通信服务），这些因素共同促进了货物贸易产品生产过程的功能分割和空间分散；另一方面，又促进了货物贸易行业本身的"服务化"，改变了行业增加值的分配结构，降低了整个货物贸易行业产品生产的可分割性[1]。那么，服务投入影响企业出口的内在机理是什么？是否进一步加速企业升级或产业升级？不同

---

[1] 郭沛，寿光旭.服务投入对中国货物贸易行业价值链长度的影响——基于WIOD数据的实证研究[J].现代财经：天津财经大学学报，2017（11）：16-27.

类型的服务投入所产生的影响是否有所不同？我们对此尚无法得知，而这些研究成果，既可以促进我国产业不断向全球价值链的高端攀升，又可以不断优化贸易结构，推动进口和出口、货物贸易与服务贸易、贸易与双向投资、贸易与产业协调发展，以及加快对外贸易转型升级、促进对外贸易高质量发展等，还可以有助于积极参与全球治理体系改革、推动实现全球治理体系和治理能力现代化，是一项具有战略意义的研究课题，具有重要的理论价值和现实意义。

综上所述，本书开展服务投入、企业出口与产业升级问题研究，在理论层面和实证层面，深入挖掘服务投入影响企业出口及其产业升级的影响，是异质性企业贸易理论的前沿方向，具有较强的前瞻性、先导性和探索性。

二、研究意义

本书进行服务投入、企业出口和产业升级问题的理论与实证研究，具有重要的理论价值和现实意义。一方面，在理论层面，开展服务投入与企业出口问题研究，深入挖掘法律服务、电子商务、教育培训等服务投入对企业出口及产业升级问题的影响，在很大程度上推进了异质性企业贸易理论的发展。以电子商务为例，本书从微观层面，分析了电子商务对我国企业出口的影响。一般计量模型的回归结果显示，电子商务分别显著地影响我国企业出口选择、出口总额和出口强度。这些结论不仅没有随着其他变量的逐步加入有所改变，而且没有随着回归方法、所选样本和出口类型等的改变而有所改变，具有很强的稳健性。本书还探究了电子商务通过成本效应、协同效应和再造效应影响我国企业出口选择和通过竞争效应、选择效应与筛选效应影响我国企业出口总额的内在机理，具有一定的创新性。本书的研究成果在一定程度上丰富了新新贸易理论的内涵，推进了国际贸易理论的发展。

另一方面，在实践层面，本书开展服务投入、企业出口与产业升级问题研究，深入挖掘法律服务、电子商务、教育培训等服务投入对企业出口问题的影响,为我国企业"走出去"提供了重要的决策支撑。以教育培训为例,本书发现,教育培训明显促进产业(企业)升级,显著提高我国企业生产率增长。不过,这种影响和作用在不同业务样本和不同国际化样本之间存在显著差异。另外,本书认为,教育培训影响产业(企业)升级的经济效应,在微观层面表现为成本效应和选择效应,中观层面表现为经验效应和循环效应,宏观层面表现为集聚效应和收入效应。这些结论对于增强人力资本积累,提高企业全要素生产率,加快推进企业出口,加速产业转型升级等具有重要的现实指导意义。党的十九大报告明确指出,"开放带来进步,封闭必然落后。中国开放的大门不会关闭,只会越开越大","坚持引进来和走出去并重,遵循共商共建共享原则,加强创新能力开放合作,形成陆海内外联动、东西双向互济的开放格局"。企业如何在更大规模、更广范围、更高层次上成功走出国门、走向世界,参与和引领国际经济合作竞争新优势是一个值得深入思考的战略性问题。本书的研究成果在一定程度上为科学合理地解决这些问题提供了重要的思路和建议,因此,具有重要的现实指导意义。

第二节 研究思路和方法

一、研究思路

本书在第二章对已有文献进行了综述,提出目前研究存在的不足和本书可能的改进之处。在第三章选择世界银行企业调查数据库提供的服务投入数据,研究了服务投入对企业出口的影响,然后依次研究了法律服务、电子商务、教育培训和服务创新等服务投入对企业出口及产业升级的影响。具体来说,本书首先基于投入产出关联关系,研究了服务投入对中国制造业企业出口的影响(第三章),并以法律服务为例,研究了法律服务投入与制造业企业出口之间的关系，结果发现，不同服务投入对制造业企业出口的影响存在差异（第四章）。其次，本书研究了电子商务影响服务企业出口的内在机理与作用机制，丰富和扩展了企业国际化选择和企业内部化抉择，增强了新新贸易理论在我国的适用性（第五章）。再次，本书研究了服务创新与服务企业出口速度之间的关系，力图从这些方面深层次挖掘影响企业国际化速度的独特因素和调节变量（第六章）。本书研究了空气污染对企业出口增长的影响（第七章），重点解决企业出口增长的集约边际和扩展边际是否随着主要城市 PM2.5 密度的增加而发生变化以及如何变化、产品创新是否显著地降低不同地区主要城市 PM2.5 密度对企业出口的影响。本书还从异质性视角提供了合作研发和融资约束缓解提高企业技术创新的微观证据（第八章）。最后，本书深入探究了教育培训对产业升级（企业生产率）的影响（第九章），分别在微观、中观和宏观三个层面挖掘教育培训影响企业生产率的经济效应，对于增强人力资本积累，提高企业全要素生产率，加快推进企业国际化发展等具有重要的现实指导意义。结尾部分是结论及未来展望（第十章），对全文的结论进行总结，并从对未来研究进行展望。

二、研究方法

研究方法是在科学研究中发现新事物、新现象、新问题，或提出新理论、新思想、新观点，揭示研究内容内在规律的途径或工具。本书试图采用理论研究、经验研究与案例分析相结合，定性分析、建模分析与统计分析相结合的方法进行系统化研究，使用的方法主要包括文献分析、理论分析、计量回归等。

三、技术路线

在现实考察、理论研究与提出问题部分，本书运用调查研究与文献综述的方法，在主体部分，本书运用定量分析与定性分析相结合的方法，包括文献分析、归纳分析和演绎分析等，具体来说，运用统计分析、传统计量回归、倾向得分匹配方法等方法。

第三节 研究内容与重点

一、研究内容

本书在第二章选择世界银行企业调查数据库提供的电信、电力、交通、金融、法律、供水等服务投入数据，研究了服务投入对企业出口的影响，然后依次研究了法律服务、电子商务、教育培训和服务创新等服务投入对企业出口的影响。根据本书总体研究框架，本书的研究内容包括以下几个方面：

第一章是导论，主要阐述本书的选题背景与研究意义、研究思路和方法、研究内容与重点、可能的创新之处。

第二章是相关理论与文献综述，主要包括国际贸易理论的研究成果。

第三章是服务投入与制造业企业出口，包括提出问题、构建模型与指标选择、建立计量模型、计量结果分析、服务投入影响企业出口行为的传导机制和结论等。

第四章是法律服务与制造业企业出口，主要包括构建经济计量模型、数据描述、汇报估计结果、稳健性分析和结论。

第五章是电子商务与服务企业出口，主要包括提出问题、文献综述、数据库介绍及指标选择、回归结果分析和结论。

第六章是服务创新与企业出口速度，主要包括提出问题、研究假设、研究方法与数据处理、回归结果分析与结论。

第七章是空气污染对企业出口增长的影响，主要包括构建模型、研究设计、实证结果分析、稳健性检验、内在机制检验和政策建议。

第八章是合作研发和融资约束缓解与企业技术创新，主要包括提出理论假说、研究设计与描述性统计、实证结果分析和政策建议。

第九章是教育培训与服务企业出口，主要包括提出问题、文献综述与理论分析、研究设计、估计结果与分析与结论。

第十章是结论与未来展望，主要包括对全文的结论进行总结，并对未来研究进行展望。

二、重点难点

根据研究框架和研究内容，本书的研究重点是服务投入对企业出口的影响及内在传导机制、教育培训影响企业出口（企业生产率）的经济效应在不同层面是否存在不同、政策环境对服务创新与企业出口速度之间非线性关系的一次调节效应，引入地方市场化后如何检验政策环境的二次调节效应，等等。

研究难点是考虑解决可能存在测量偏差和变量遗漏的问题，如何避免出现内生性现象。

第四节 可能的创新之处

本书的创新之处是本书在异质性假设背景下，较为系统全面地研究了服务投入、企业出口与产业升级问题，详细阐述了服务投入影响企业出口及产业升级的内在机理，丰富了异质性企业贸易理论内涵，对我国企业开展国际化提供了重要的理论支撑和现实指导。本书认为，服务质量、企业年龄显著地正向影响我国服务企业出口强度，而国外要素比例、法律环境、产品创新、高层管理者经验对服务企业出口强度的影响却不显著。电子商务显著正向影响服务企业直接出口总额和间接出口总额，而对我国服务企业间接出口总额的影响更为明显。电子商务分别显著地影响我国制造业企业的出口选择、出口总额和出口强度。教育培训明显提高了企业出口（企业生产率），显著促进了我国服务企业生产率增长。不过，教育培训较为显著地影响传统业务类服务企业生产率，而对传统业务类服务企业生产率增长的影响则不太显著。教育培训对非传统业务类服务企业生产率和企业生产率增长的影响比较显著。服务创新与出口速度的关系呈倒 U 形曲线，两者之间存在一个阈值；未考虑地方政策的影响时，政府支持、法律保护、金融发展对两者之间的关系均具有显著的正向调节作用；考虑地方政策的影响时，它削弱了政府支持对两者的正向调节关系，而增强了法律保护和金融发展对两者的正向调节关系，等等。这些结论都具有重要的理论价值和现实意义。

第二章　相关理论与文献综述

从国际贸易理论发展来看，传统贸易理论主要研究产业间贸易，新贸易理论主要研究产业内贸易。无论是产业间贸易还是产业内贸易，这些理论均假定企业是同质的，某一个企业可以代表所在行业的所有企业，忽视了行业内其他企业的具体特征。近些年，以梅利兹为代表的经济学者开始在微观层面考察企业异质性及其在国际贸易理论发展中的重要性，从而开辟了国际贸易理论新的领域。这些研究成果对一些国际贸易经验事实给予了令人信服的诠释，同时也为本书下一步研究提出了崭新的研究方向和重要的研究。

第一节　异质性企业贸易理论综述

从国际贸易理论发展来看，传统贸易理论主要研究产业间贸易，新贸易理论主要研究产业内贸易。无论是产业间贸易还是产业内贸易，均假定企业是同质的，某一个企业可以代表所在行业的所有企业，忽视了行业内其他企业的具体特征。近些年，以梅里兹（Melitz）（2003）、伯纳德（Bernard）等（2004）、安特斯（Antràs）（2003）为代表的经济学者开始在微观层面考察企业异质性及其在国际贸易理论发展中的重要性，从而开辟了一个新的国际贸易和国际投资发展领域。

一、实证研究企业异质性是否影响制造业企业出口

在国外,大部分学者以制造业企业为样本在异质性企业贸易理论框架内展开研究,取得了显著的成果。不过,近二十年,无论是规模还是质量,服务贸易在国际贸易中占有越来越大的比例。因此,将服务贸易纳入到异质性企业贸易理论具有较强的创新性(Breinlich,Criscuolo,2011)。实际上,国外一些学者已经开始做这项工作。部分学者在企业异质性视角下研究服务贸易对企业生产率的影响。阿诺德(Arnold)等(2012)发现,印度银行业、通信业、保险业和交通运输业的服务业贸易自由化改革显著地促进了制造业企业全要素生产率的提高。阿诺德等(2011)认为,捷克的服务贸易自由化通过吸引国外投资者的进入,对该国制造业企业生产率提高产生了积极效应。费尔南德斯(Fernandes)和保诺夫(Paunov)(2012)利用智利国家工业企业数据进行实证分析,结果支持阿诺德等(2011b)的观点。持同意观点的,还有贝纳(Bena)、昂德科(Ondko)和沃尔查基(Vourvachaki)(2011),谢波蒂(Shepotylo)和瓦希托夫(Vakhitov)(2012)。巴斯(Bas)和考萨(Causa)(2013)认为,中国服务贸易自由化改革提升了下游企业的生产率,而且生产率越靠近技术边界,这种效应表现越显著。持相同观点的研究成果还有阿米蒂(Amiti)和可尼斯(Konings)(2007)、戈德伯格(Goldberg)等(2010)、康威(Conway)和尼可利提(Nicoletti)(2006)、巴罗内(Barone)和钦加诺(Cingano)(2011)、弗朗索瓦(Francois)和沃尔庇(Woerz)(2008)、费尔南德斯(2009)和Bourlès等(2012)。

在国内,易靖韬、傅佳莎(2011)认为,只有生产率较高的企业才能克服出口市场的沉没成本,通过自我选择进入出口市场,而生产率较低的企业会退出;一旦企业选择进入出口市场,将从出口市场中积累出口学习经验,从而降低企业生产成本,提高企业最优出口供应量,很大程度上验证了梅里兹(2003)的正确性。赵伟等(2011)认为,劳动生产率对企业出口决定具有显著的负向影响,而TFP却表现出稳健的正向影响。企业规模

则始终具有显著的正向影响,而平均工资表现得并不稳健。李志远、于淼杰(2013)发现,当项目成功率高使得企业更容易获得来自金融中介的外部融资或者外商投资企业享有较小信贷约束时,我国制造业企业更容易出口。钱学锋等(2013)发现,多产品出口企业主导了中国的出口贸易。特别的,2000—2005年间,中国大约44%的出口增长来自企业内的扩展边际,集约的边际不是中国出口增长的主导力量。

同时,部分学者尝试研究贸易自由化对企业生产率或是企业出口的影响。余森杰(2010)认为,贸易自由化显著地促进了企业生产率的提高,关税或非关税壁垒的减免对出口企业生产率的影响要比非出口企业的影响小。该文的亮点之一是修改扩充了半参数方法,来纠正估算企业的全要素生产率中经常产生的同步偏差和选择偏差,为该计算企业生产率提供了重要参考。而张艳、唐宜红、樊瑛(2013)在国内较早地研究服务贸易自由化对制造业企业生产率的影响。她们认为,服务贸易自由化通过服务外包、重组效应和技术外溢效应影响发展中国家制造业企业生产率。该文的贡献主要有三个方面:一是从理论上探讨服务贸易自由化对制造业生产率的影响和影响机制;二是采用更加全面的指标衡量中国服务贸易自由化水平;三是首次利用中国制造业企业数据实证研究中国服务贸易自由化对制造业生产率的影响。与本研究相近的研究是毛其淋、盛斌(2014)。他们认为,贸易自由化通过竞争效应和成本效应,显著地促进了制造业企业的出口参与,而且后者的影响程度较大。同时,中国加入世界贸易组织通过集约边际显著地推动了企业的出口参与。毛其淋、盛斌(2013)研究了中国贸易自由化对企业出口动态影响的显著性与程度。田巍、余森杰(2013)发现,企业面临的中间品关税的下降显著提高了企业的出口强度,在一定程度上弥补了我国国际贸易实证研究在进口中间品的贸易自由化方面的空白。

二、检验我国样本是否符合异质性企业贸易理论

一部分学者认为,两者之间的关系不符合异质性企业贸易理论。例

如，汤二子等（2011）认为，我国制造业企业出口存在"生产率悖论"，自我选择效应和出中学效应均不显著，原因是我国出口主要以加工贸易为主，企业生产存在规模报酬递减，不符合经典理论假设。李春顶、尹翔硕（2009），赵伟等（2011）均不支持自我选择效应，但对于是否存在出口中学效应则没有表述。另一部分学者认为，两者之间的关系符合异质性企业贸易理论。不过，这些学者围绕出口对我国本土制造业企业是具有"出口中学习"还是具有"自我选择行为"作用效应，展开了激烈的争论。例如，张杰等（2009）出口通过"出口中学习"效应而不是自我选择效应，促进了中国本土制造业企业全要素生产率的提高。而且，这种"出口中学习"效应在企业新进入出口市场之前就存在。马述忠和郑博文（2010）认为，存在出口中学效应而不存在自我选择效应，戴觅、余淼杰（2010）和易靖韬（2009）则认为存在出口中学效应，但不确定是否存在自我选择效应。钱学锋等（2011）、易靖韬和傅佳莎（2011）、邱斌等（2012）认为，企业出口的自我选择效应和出口中学效应同时存在。值得一提的是，易靖韬和傅佳莎（2011）利用浙江省2001—2003年微观企业数据得到的。

第二节 服务投入与企业出口文献综述

不少国内外学者在企业异质性假设下研究服务贸易自由化与制造业出口行为之间的关系。由于大多数服务贸易不可感知、不可分离、难以贮存，所以无法像货物贸易一样给予服务贸易自由化一个相对统一的衡量标准，如何准确测算一国服务贸易自由化程度成为世界各国学者共同关注的问题。

一、服务投入与企业出口实证研究综述

在国外，许多学者利用服务业对外直接投资（FDI）来衡量一国服务开

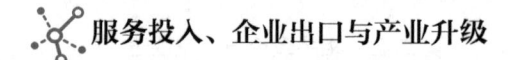

放程度。考虑了国外供应商、私有化和市场竞争,利用服务投入将服务贸易自由与国内下游制造业企业出口行为联系起来(Arnold,et al.,2011),结果显示,捷克服务贸易自由化的不断深入显著地提高了国内制造业企业的出口绩效。尤其是在外资进入捷克国内服务业之后,效果更加显著。印度银行业、电信业、保险业和交通运输业持续改革促进了制造业企业的生产率提高,其中对外资制造业企业生产率的影响更为明显,印度服务贸易自由化程度每增加一个标准差可以引起印度国内外制造业企业生产率分别增加 11.7% 和 13.2%(Arnold,et al.,2012)。服务贸易自由化同时影响制造业和服务业企业的生产率(Duggan,et al.,2013),之前生产率较高的企业能够从自由化过程中获取更高的收益。不过,由于服务业 FDI 和跨境支付、过境消费、自然人流动等均是服务贸易的提供模式,很显然,仅用服务业 FDI 测算服务贸易自由化是不准确的(张艳等,2013)。一些学者独辟蹊径,利用能源、交通和通信部门的规制程度(Regulation in Energy,Transport,Communication sectors,简称 ETCR)来衡量服务贸易自由化(Bas,Causa,2013;Bas,2014)。服务贸易自由化与制造业企业生产率之间存在紧密的关系(Bas,Causa,2013),如果 5 年后中国服务贸易自由化程度接近欧盟制定的标准,那么中国制造业企业生产率平均将增加 4%,而且越靠近技术边界,增长效果越明显。以印度为例,进一步研究了服务贸易自由化与制造业企业出口行为之间的关系(Bas,2014)。结果显示,1994—2004 年间,印度服务贸易自由化的不断提高导致国内制造业企业出口概率增加了 6%~8.5%,企业出口份额增加了 5%。同时,之前生产率较高的企业从自由化过程中获得较高的收益。在国内,张艳等(2013)较早提出利用服务开放渗透率、服务业 FDI 地区渗透率、服务业 FDI 产业渗透率、服务进口渗透率和服务渗透率等方法衡量中国服务开放程度,认为中国服务贸易自由化改革促进了中国制造业企业全要素的提高,但是这种影响随着区域、所有制和中间投入的不同而不同,具有一定的创新性和开拓性。相对于已有成果,国外更多的成果则从企业异质性视角通过投入产出分析研究服务投入对制造业企业出口行为。

二、服务投入与企业出口理论机理综述

事实上，服务投入通过投入产出关联关系（Input-output Linkages），促进本国制造业产业转型升级，推动产业向价值链高端攀升，提升国家经济发展水平（Francois and Hoekman，2010）。玛丽（Mary）和约泽夫（Jozef）（2007）发现，1991—2001年间印度尼西亚中间品关税每降低10%导致制造业企业生产率增加12%。埃曼纽尔（Emmanuelle）等（2013）认为，中间品关税的降低，促使生产率较低的企业退出市场。整个市场的生产率水平通过再分配效应得以不断提高。马格努斯（Magnus）（2014）利用瑞典2001—2007年制造业企业微观数据进行实证分析后发现，产品的服务投入强度间接影响制造业企业生产率水平，进而显著地影响着企业产品国际竞争力。作为一种工具，服务投入将国内市场与国际市场连接起来，有利于企业及时了解国际市场前沿动态和熟悉国际市场竞争规则变化。面对贸易自由化，企业为了获取更高收益，可能会增加创新活动（Cesare，et al.，2014；Claudio，et al.，2014）、提高产品质量（Joachim，2014）、聚焦核心生产环节（Mayer，Melitz，Ottaviano，2014）、减少管理层级（Boloom，Sadun，Van，2010）。布雷里奇（Breinlich）等（2014）认为，较高研发存量的企业会增加产品服务投入，提高企业服务供给，代替简单的货物生产，然而较高物质资本存量的企业降低产品服务投入。一些学者认为，随着更多的服务投入进入生产环节，世界经济出现了制造业服务化（Servitzation of Manufacturing）趋势。克罗泽（Crozet）和米勒特（Milet）（2014）利用法国企业资产负债表揭示了制造业的商品生产和服务供给，结果发现，1997—2007年间法国制造业企业增加了服务投入，83%的制造业企业给第三方提供服务，近1/3的制造业企业提供服务的比重超过商品。洛佩兹（Lopez）和多梅内奇（Domenech）（2014）发现，降低服务部门的规制，促使更多的服务投入到制造业部门的生产环节中，导致制造业企业的出口总额平均增加49%。

三、电子商务与企业出口文献综述

国内外大多数学者认为，贸易中介在国际贸易中发挥着重要作用。费尔伯迈尔（Felbermayr）等（2008）和安（Ahn）等（2011）发现，贸易中介为企业进入国际市场提供了一种机会。伯纳德等（2010）认为，随着贸易工具不断创新和贸易设施逐步完善，电子商务在经济全球化和全球价值链中所起的作用与日俱增。阿克曼（Akerman）（2010）和布鲁姆（Blum）（2011）发现，生产率处于中间水平的企业通过贸易中介存在出口的可能性。安德斯和科斯蒂诺（2011）、伯纳德（2012）和安德斯和耶普尔（Yeaple）（2013）认为，作为维系国际贸易车轮不断前行的"润滑剂"，贸易中介能够显著影响国际贸易模式，已经成为企业国际化的"幕后推手"。我国学者关利欣、洪俊杰（2012）认为，贸易中介是参与国际贸易的重要主体，是开拓海外市场的重要力量，是全球价值链的主导者之一。茹玉骢、李燕（2014a、2014b）认为，电子商务提高了企业参与出口的可能性和密集度，但对我国企业出口方式的选择的影响是不确定的。其次，贸易中介影响国际贸易的机制主要有交易成本、市场销售和供应链管理等。彼得罗普卢（Petropoulou）（2011）认为，贸易中介降低信息搜寻成本，缓解逆向选择。詹尼弗（Jennifer）（2013）认为，贸易中介提高信息匹配效率，降低交易风险，促进买卖双方达成共识。卡拉季奇（Karavdic）和格雷戈里（Gregory）（2005）认为，企业使用贸易中介程度越高，市场营销策略与出口绩效的正相关关系越显著。格雷戈里和卡拉季奇（2007）认为，由于不确定因素加大，企业通过贸易中介进入国际市场，提高信息交流与分销效率，促进产品促销水平。荷等（2011）认为，贸易中介提高了企业供应链管理效率，优化生产流程和资源配置。再次，企业选择贸易中介的内在决定因素在学界至今没有形成共识。安等（2011）认为，中介出口份额与国家特定固定成本和产业特定固定成本呈现正相关关系，而与产品特定固定成本呈现负相关关系。伯纳德等（2011）不太认同这种观点。他们认为，中介出口份额与产品特征有紧密关系，而与市场距离和出口可变成本并没有明显的关系。最后，贸易中介演化趋势在学界争议较大。目前，学者在贸易中介演化趋势方面出现了两种意见。一种意见认为，贸易中介将会逐步退化甚至消失，出现"去中介化"现象。如安德森等（P. Anderson and E. Anderson）（2002）认为，随着信息技术的迅猛发展，交易双方通过网络平台直接进行交易，贸易中介在国际贸易中的作用不断弱化，未来很可能退出市场。另一种意见认为，在电子商务时代，贸易中介技术转型升级，业态模式涌现，内涵不断丰富，功能逐步更新，不会出现"去中介化"现象。赵（Cho）和坦苏哈吉（Tansuhaj）（2011）认为，电子商务效率更高、费用更低、市场反应更灵敏，克服时间、空间、语言和习惯等带来的跨境贸易障碍。奥尔森（Olsson）等（2013）认为，信息技术为贸易中介提供了发展的新平台，传统贸易中介和新型贸易中介可以相互促进，共同演化。

第三节　教育服务投入与产业升级

产业升级是我国经济发展进入"新常态"以来亟待解决的关键问题之一（刘伟，2019；王桂军，陆潇潇，2019；刘志彪，2019；余淼杰，2020）。产业升级落实到企业层面，就是产业内部代表性企业是否能够实现优化升级（李永友，严岑，2018）。企业升级关系着经济发展质量和产业国际竞争力，所以一直是学术界研究的热点问题。关于企业升级的内涵，学术界至今还未形成一致观点。具有代表性的观点有以下两种：一种观点借鉴产业升级的内涵界定，认为企业升级是企业从劳动密集型生产向资本和知识密集型生产转型的过程（Gereffi，1999；张彬，桑百川，2013；毛蕴诗等，2016；Marouani，Marshalian，2019；闫东升，马训，2020）。另一种观点结合国际分工体系和全球价值链理论，认为企业升级是企业提高了生产效率，并在全球产业链或全球价值链条中实现了实质性攀升（Humphrey，

Schmitz，2002；李维安，2010；刘志彪，2008；张少军，刘志彪，2013；杨丽丽，盛斌，吕秀梅，2018；Shen，2020）。本文采用第二种观点，利用全要素生产率（TFP）来测算中国企业升级（王桂军，陆潇潇，2019；Kijek，Kijek，2020）。

在探索中国经济持续增长的内在动因时，学界一致认为，依靠政府主导的大规模投资难以维系我国经济增长的可持续性，我国增长方式必须向全要素生产率支持的经济增长方式转变。简泽等（2014）发现，进口竞争促进了本土企业平均全要素生产率的增长，进口竞争促进了高效率企业全要素生产率的增长，进口竞争对本土企业全要素生产率的影响是激励效应和规模效应综合作用的结果。戴觅等（2014）认为，"出口企业生产率之谜"现象完全是由中国大量的加工贸易企业导致的。他们发现，中国近20%的出口企业完全从事加工贸易，这些企业的生产率比非出口企业低10%~22%。剔除加工贸易企业的影响就能回到出口企业生产率更高的传统结论中。范剑勇等（2014）认为，作为县级层面产业集聚的主要形式，专业化与和多样化经济对全要素生产率产生不同影响，即专业化经济通过技术效率改善来促进TFP增长，而多样化经济并没有显著促进整体TFP增长。杨汝岱（2015）发现，中国制造业整体全要素生产率增长速度在2%~6%之间，年均增长3.83%，增速存在较大的波动，来源更多是企业成长，其增长的空间在不断缩小，亟待依托资源配置效率改善的新的增长模式。

部分学者们认为，以教育培训为主要渠道的人力资本对全要素生产率产生重要影响。不过，这种影响没有取得共识。艾亚尔（Aiyar）和费勒（Feyrer）（2002）认为，人力资本显著正向影响TFP增长。他们认为，人力资本或者通过技术进步或者实现生产要素重新组合，促进了企业生产率。例如，魏下海（2010）细分了人力资本结构，证明了我国人力资本对全要素生产率增长存在空间溢出效应。不足之处是过于侧重地去解释空间计量模型这一实证方法中的空间溢出系数，而对基本的经济理论模型中技术外部溢出项的系数说明得不够充分，静态地说明某类型人力资本就是正或负的外部性也显然不妥（陈仲常，谢波，2013）。陈维涛等（2014）认为，地区出口企业生产率的提高不仅有利于中国城镇和农村劳动者的人力资本投资，而且也有助于劳动者子女教育投入的增长，能够促进中国人力资本的长期积累和提升。张（Chang）等（2016）认为人力资本通过溢出效应影响企业生产率，具体来说，在给定的城市，高等学历的员工比例增加1%，企业生产率相应增加0.93%~1.15%。对于具有高等学历较高比例的城市来说，企业生产率增加幅度更为明显。

部分学者并不认同这种看法。他们认为，人力资本并没有促进企业生产率。例如比尔斯（Bils）和克莱诺（Klenow）（2000）则认为，人力资本仅仅带动教育投入的增加，而没有显著影响企业生产率增加。普里切特（Pritchett）（2001）的研究结果显示，没有任何证据显示劳动力受教育程度和投入的增加能够影响人均产出增加。费希尔（Fischer）（2009）在传统的MRW模型中纳入空间异质性，以1995—2004年22个欧洲国家的198个地区为例研究人力资本对经济增长的影响，结果显示，前者空间溢出效应对后者没有显著的影响。瓦莱里亚（Valerien）等（2006）创新性地将空间异质性纳入BS模型中，结果显示，人力资本对经济增长具有显著的负向空间溢出效应。伊拉扎巴尔（Irarrazabal）等（2010）和巴金斯（Bagger）等（2014）分别运用丹麦、挪威等国家的企业-员工匹配数据对人力资本质量与企业全要素生产率之间的关系进行了实证研究，结果表明，人力资本对企业全要素生产率的影响呈现显著的异质性，对于外资与内资企业来说，这种影响没有明显差异，而对于出口企业与高科技企业来说，这种影响差异非常明显。陈仲常和谢波（2013）认为，总量人力资本存量即期对全要素生产率产生显著为负的外部性，而滞后多期则呈现出正外部溢出效应，不同类型人力资本的即期外部性也是显著为负，不过，初等教育对我国全要素生产率的提高作用始终不明显，中等、高等教育在滞后第三期才具有显著的正外部性。

还有部分学者认为，人力资本对企业生产率的影响不太确定，存在异质性。克劳迪奥（Claudio）等（2015）解释了外来移民的人力资本对企业生产率的影响。他们认为，两者之间存在紧密的关系，不过各个行业或者部门之间存在差异。具体来说，在高科技产业，高素质的外来移民对企业生产率的影响更为明显，而在制造业产业，中低等素质的外来移民对企业生产率的影响更为显著。于（Yu）等（2015）利用2010年中国人口公报研究了城乡二元劳动力结构对城市生产率的影响，结果显示，随着城市劳动力对农村劳动的替代性不断提高，人力资本对城市生产率的积极影响越来越显著。同时，他们估计了中国目前城市劳动力对农村劳动力的替代率在2.1~2.5之间。汤学良等（2016）认为，员工培训投入并非多多益善。他们发现，培训投入与企业生产率呈"倒N形"关系，即随着培训投入的增加，企业生产率呈"下降—上升—下降"趋势，也就是说，数额较小或数额过大的培训投入都是无效的，不会提升企业效率，存在最优的员工培训投入，不过，员工培训投入的处理效应与最优规模在不同的子样本中是有差异的。

第四节 研究评述

已有文献从多个层面强调服务投入在国际贸易中的重要性，揭示了服务投入影响国际贸易的内在机制与决定因素，并对服务投入的演化趋向进行了展望，对于提高我国企业国际化水平，丰富我国出口市场多元化，促进对外贸易发展方式转变等具有重要启示意义。不过，已有文献可能存在以下不足：一是多数成果在宏观层面研究服务投入对出口贸易的影响，微观分析不足。宏观加总数据可能存在测量偏差和变量遗漏，容易产生内生性，实证检验结果往往是有偏的，同时，企业是国际贸易的微观主体，服务投入与企业出口及产业升级之间的关系应取决于企业微观行为。二是多数成果以国外制造业为样本，完整性和适用性不足。已有研究大多以美国、英国、意大利、日本等国家的制造业为研究对象，而以我国服务业企业和制造业企业为样本的研究成果不太多见。三是已有多数成果大多以规范性研究为主，针对性和实效性不足。已有研究大多研究在宏观层面服务投入影响国际贸易的产生原因、内在机理和作用机制等，缺乏实证性分析。

目前，我国已是世界第二大经济体、第一大制造大国、第一大出口国，还是货物贸易和服务贸易大国、吸收外资和对外投资大国，国际竞争力和国际影响力日益增强，同时，随着我国进入"大智移云"时代，贸易中介新业态、新技术和新模式不断涌现，亮点精彩纷呈，以电子商务为代表的新型贸易服务在降低搜寻匹配成本，减小跨境贸易障碍，促使资源深度开发与整合等方面发挥着越来越重要的作用。本书在经济新常态背景下，以我国制造企业和服务企业为样本，分别研究不同服务投入影响我国企业出口和产业升级的内在机理与作用机制，对于加快转变外贸发展方式，全面提高开放型经济水平，促使我国企业在更大规模、更广范围、更高层次上成功走出国门，走向世界，实现贸易大国到贸易强国的转变具有重要的理论及政策指导意义。

第三章 服务投入与中国制造业企业出口

随着越来越多的服务要素投入广泛参与到企业产品（服务）研发设计、生产制造、市场销售等过程，服务投入在满足消费升级需求、推动经济结构升级、提高国际竞争力等方面的重要性日益凸显，受到越来越多学术界和实务界的持续关注。服务投入是否影响以及如何影响我国制造业企业出口是一个值得深入思考的现实问题。

第一节 服务投入与企业出口的典型事实

在理论上，我们通过对已有文献的梳理和分析后发现，相对于国外很多文献通过投入产出关联关系研究服务贸易自由化、服务投入、服务创新等因素对企业生产率或企业出口行为，国内学界较少涉及。在实践中，服务业对一国经济增长的重要性目前已经取得国内外政府官员、专家学者和国际组织的广泛共识和一致认可。服务业的贡献份额，在发展中国家平均达到50%以上，而在发达国家平均达到70%以上。在我国，2013年统计公报显示，2013年我国服务业占GDP的比重达到46.1%，不仅低于发展中国家的平均水平，而且远低于发达国家的平均水平。2018年7月，商务部、国家发展和改革委员会、工业和信息化部等二十个部委联合下发《关于扩大进口促进对外贸易平衡发展的意见》，其中明确指出，"在稳定出口的同时，主动扩大进口，促进国内供给体系质量提升，满足人民群众消费升级需求，实现优进优出，促进对外贸易平衡发展"。那么，服务投入是否影响我国制造业企业出口？如果存在，服务投入影响我国制造业企业出口的内在机理是什么？因此，研究服务投入对我国制造业企业出口行为的影响，可以为我国推动服务贸易自由化改革，提高制造业企业国际化能力提供理论支撑和政策建议。

第二节 研究设计

一、设计思路

本书利用世界银行微观数据库，研究了服务投入对中国制造业企业出口的影响。结果显示，服务投入分别显著地正向影响我国制造业企业的出口选择、出口总额和出口强度。这些结论得到了研究方法、区域空间、样本选择和人力资本等方面的检验，具有很强的稳健性。本书探究了服务投入影响我国制造业企业出口选择的内在机理和服务投入影响企业出口总额的内在效应，探究了服务投入影响中国制造业企业出口行为的传导机制，所得结论可以为我国推动服务贸易自由化改革，提高制造业企业国际化能力提供理论支撑和政策建议。

二、边际贡献

本书的创新点有以下四个方面：一是在国内较早地考察服务投入对我国制造业企业出口行为的影响。根据世界银行微观数据库提供的企业数据，本书从出口选择、出口总额和出口强度等三个方面表示企业出口行为。结果显示，服务投入分别显著地正向影响出口选择、出口总额和出口强度。这些结论得到了研究方法、区域空间、样本选择和人力资本等方面的检验，具有很强的稳健性。二是本书以大量微观企业数据作为分析样本，很大程度上消除了以往研究使用区域数据或行业数据研究服务投入对中国制造业企业出口行为研究带来的样本不足、质量不高和结论失真等问题。三是本书指出，服务投入影响我国制造业企业出口选择的内在机理是成本效应与效率效应、选择效应和创新效应、空间效应和累积效应，认为服务投入的提高产生了本地市场效应、自我选择效应和空间集聚效应，促使企业出口总额不断增加。四是本书探究了服务投入影响中国制造业企业出口行为的传导机制，认为服务投入通过互补效应、技术效应和转换效应影响了企业生产率，进而影响了我国制造业企业的出口行为。

第三节 理论分析

一、构建模型

根据梅里兹和奥塔维亚诺（2008），巴斯（2009）研究了中间品贸易自由化对企业出口影响的不同机制。如果用U代表消费者的总需求量，q_0^c表示同质产品消费量，用q_i^c表示异质产品消费量，α、β表示不同种类和数量之间的替代程度，γ表示不同种类产品差异化程度，i表示企业，ω表示企业数量，那么消费者的效用函数可以表示为

$$U = q_0^c + \alpha \int_{i=\varpi} q_i^c \mathrm{d}i - \frac{1}{2}\beta \int_{i=\varpi} \left(q_i^c\right)^2 \mathrm{d}i - \frac{1}{2}\gamma \left(\int_{i=\varpi} q_i^c \mathrm{d}i\right)^2 \quad (3-1)$$

巴斯（2009）假设企业生产过程不仅需要传统生产要素劳动力，而且还需要服务投入。服务投入有两种类型：国内（z）和国外（m）。假设用τ_m表示冰山型成本，那么中间品的国外价格$p_m = \tau_m p_z$。如果用c表示企业最初边际成本，$c \in (0, c_m)$，c_m表示最初边际成本最大值，λ_s表示进口服务投入品强度，q表示企业产出，ϕ表示弹性，那么企业生产函数可以表示为

$$q = \frac{1}{c}\left[z^\phi + \left(m \cdot \lambda_s\right)^\phi\right]^{\frac{1}{\phi}} \quad (3-2)$$

二、模型分析

如果L表示国内市场消费者的数量，那么企业出口的成本阀值c_d可以表示为

$$c_d = \left[\frac{\gamma\eta}{L} \cdot \frac{\left(\frac{1}{\chi^2} - \frac{\rho^*}{\chi^{*2}}\right)}{1-\rho\rho^*}\right]^{\frac{1}{k+2}} \quad (3-3)$$

结合式（3-1）(3-2）和（3-3），τ^*表示关税水平，可以得到企业出口收入R_x，可以表示为

$$R_x = \frac{L^*}{4\gamma}\left[\left(\overline{C_d^*} \cdot \chi^*\right)^2 - \left(c \cdot \chi \cdot \tau^*\right)^2\right] \quad (3-4)$$

利用出口收入R_x分别对c、τ_m、λ_s求导可得

$$\frac{\partial R_x}{\partial \tau_m} < 0 \quad \frac{\partial R_x}{\partial \lambda_s} > 0 \quad (3-5)$$

$$\frac{\partial^2 R_x}{\partial c \partial \tau_m} > 0 \quad \frac{\partial^2 R_x}{\partial c \partial \lambda_s} > 0 \quad (3-6)$$

式（3-5）说明中间服务投入关税越低，进口服务投入强度越大，企业获得的出口收益越高。式（3-6）说明生产率最高的企业获得的出口收益最大，企业中间服务投入的关税越低，服务投入强度越大，企业生产率对出口收益的影响就越高。由此可见，服务投入显著地影响制造业企业出口行为。

第四节 计量模型构建与指标选择

一、构建计量模型

本书在萨胡（Sahoo）和库玛·达什（Kumar Dash）(2014）的基础上，

在异质性假设下研究服务投入对中国制造业企业出口行为的影响，计量模型如下：

$$Export_{it} = \eta_0 + \eta_1 Sein_{it} + \sum_{j=1}^{5} \vartheta_j \times Sein_{ijt} \times Owner_{ijt}$$
$$+ \sum_{s=1}^{2} \beta_s \times \ln(KL_{ist}) + \sum_{w=1}^{2} \chi_w \times RJYF_{iwt} \quad (3\text{-}7)$$
$$+ \sum_{d=1}^{6} \kappa_d \times Z_{idt} + \xi R_{it} + \varepsilon_{it}$$

式（3-7）中，$Export_{it}$表示i企业t时期的企业出口行为。正如前文所述，本书利用出口选择、出口总额和出口强度三个指标衡量我国制造业企业出口行为，分别用$Export_{dumy}$、$Export_{trade}$和$Export_{indensity}$表示。在计量回归时，$Export_{dumy}$表示出口选择，如果企业不直接出口，该变量取值为0，反之，该变量取值为1，采用Probit方法进行回归，并用Tobit方法进行稳健性检验。$Export_{trade}$表示出口总额，采用一般方法进行回归。$Export_{indensity}$表示出口强度（出口概率），表示出口额在企业总销售收入的比重，采用一般方法进行回归。后两者分别利用区域和企业所有权进行稳健性检验。$Sein_{it}$表示i企业t时期的服务投入。$Sein_{ijt} \times Owner_{ijt}$表示$i$企业$t$时期第$j$种所有制类型的服务投入与企业所有权的交叉项，表示不同类型的企业的服务投入对出口行为的影响程度，具体包括国有企业、集体企业、合资企业、私营企业和外资企业等五种类型。KL表示人均资本密集度。考虑到人均资本密集度对企业出口行为的影响可能存在滞后性，本书分别滞后1期和2期，其中$s=1$表示滞后1期，$s=2$表示滞后2期。同样，考虑到人均研发投入（RJYF）对企业出口行为的影响可能存在滞后性，本书分别滞后1期和2期，其中$w=1$表示滞后1期，$w=2$表示滞后2期。Z_{idt}表示i企业t时期第d个变量（融资成本、工人培训、出口清关、企业与下游企业的关系、企业与政府的关系、企业与上游企业的关系）对企业出口行为的影响。κ_d表示上述6个变量对企业出口行为的回归系数。ξ表示回归系数。R_{it}表示i企业t时期的区位哑变量。ε_{it}表示服从正态分布的随机误差项。

二、数据及指标说明

本书选取世界银行企业调查数据库。该数据库包括12400个企业，涉及不同规模不同所有权的企业（国有企业、集体企业、合资企业、有限责任公司、股份制公司、民营企业、港澳台投资公司、外商投资公司），30个行业，123个地级市（包括直辖市）；调查方式采用发放调查问卷，调查对象包括公司所有者和企业高管，调查内容包括公司信息（包括公司成立年份、销售情况、公司所有权状况、生产能力状况等），影响企业发展的投资环境因素（通信、电力、交通等），与批发商零售商的关系（是否经常与顾客签订正式合同、与公司最大客户合作年限等），与原料供应商的关系，公司社会保障和员工激励状况，基础设施和服务状况，国际贸易开展状况，筹措资金状况，企业主管和董事会信息，公司与政府状况等，这些信息为我们研究服务投入与我国制造业企业出口行为提供了非常宝贵的数据资料。

下面简单介绍本书中使用的一些重要变量的测量方法。

本书利用出口选择、出口总额和出口强度三个指标衡量我国制造业企业出口行为。企业出口选择是指企业是否选择直接出口到国际市场，选取"您的公司是否将产品直接出口到国际市场"来测算企业的出口选择。作为二元离散变量，如果企业不直接出口，则该变量取值为0，如果企业直接出口，则该变量取值为1。企业出口总额是指企业每年选择出口模式进入国际市场所产生的贸易量。世界银行企业调查数据库没有直接显示中国企业出口总额，不过给出了企业核心业务、非核心业务、出口强度等财务信息。本书认为企业核心业务和非核心企业之和为企业销售收入，企业销售收入与出口强度的乘积即为企业出口总额。需要说明的是，本书产出变量用工业增加值表示，并使用工业品出厂价格指数调整为实际值，具体价格指数来源于国家统计数据库。企业出口强度，即企业出口密集度或出口概率，是指企业每年的海外销售份额。相对于企业的出口选择或者出口总额来说，企业的出口强度或出口概率（成功出口）更为重要。我们认为，企业海外销售份额在一定程度上说明了企业的出口概率。例如，如果企业的海外销售份额为0，说明企业的出口强度（出口概率）为0；如果企业的海外销售份额为1，说明企业的出口强度（出口概率）为1。

企业生产率是新新贸易理论的重要概念。企业生产率不同，同一产业内企业就会做出不同的出口行为。本书将核心收入和其他收入之和作为企业当年产值，同时结合劳动就业、净固定资产和固定资产投资，利用固定效应模型估计企业当年的全要素生产率，尽量避免劳动生产率估计带来的内生性问题。其中，本书产出变量用工业增加值表示，并使用工业品出厂价格指数（以2000年为基准）调整为实际值，固定资产以2000年为基准（=100）进行平减，具体价格指数来源于国家统计数据库。

服务投入是指服务作为一种生产要素进入生产环节。越来越多的文献重视服务投入的重要性。萨胡和达什（2014）认为，服务投入强度在商品生产中的不断增加是印度近30年经济持续快速发展的重要因素。德赫贾（Dehejia）和帕纳加里亚（Panagariya）（2014）同意上述观点。他们进一步发现，伴随着服务贸易自由化不断深入，服务投入导致产品附加价值和工人劳动效率持续增加，尤其是在资本密集型部门更为显著。世界银行企业调查数据库提供了电信、电力、交通、金融、法律、供水等服务对企业正常运行和持续发展的重要性，其中0~4分别代表不重要、较低、适中、重要、非常重要。本书服务投入由以上六种服务类型组成。伊姆布鲁诺（Imbruno）（2014）认为，进口商通过服务投入转换效应变得更加有效率，并且从服务贸易自由化过程中获得更高的收益，因为他们可以利用国外技术含量更高的服务要素来代替国内的服务要素。所以，本书认为服务投入直接提高了企业生产率，进而影响了企业出口行为。

融资成本是指企业融资所需要支付的成本，如利息。世界银行企业调查数据库提供了不同区域、产业、所有权等类型企业的融资成本，代表融资成本对企业正常运行和持续发展的影响程度，并进行0~4赋值。

企业出口行为也受企业工人培训的影响。赫里斯托斯（Christos）等（2014）发现，不断加强工人培训，能够提高工人技术水平，增强产品技术含量，扩大产品国际市场需求。当产品需求对产品质量的弹性较大时，这种传导机制更为明显。所以，有必要对企业的工人培训质量进行控制。本书利用程度变量（0~4）来表示工人培训对企业出口行为的影响，其中0表示工人培训对企业出口行为毫无影响，4表示工人培训对企业出口行为的影响非常明显。

贸易便利化是简化和协调国际贸易制度、程序和手续，加速国际贸易流通。芬斯特拉（Feenstra）和马（Ma）（2014）利用港口装卸效率代表贸易便利化，发现贸易便利化显著地扩大了出口粗放型边际。本书接受芬斯特拉和马（2014）的建议，引入贸易便利化变量，利用"您的公司在本年度平均花费多少天办理清关手续"来衡量企业贸易便利化程度。一般来说，企业办理清关天数越多，说明贸易便利化程度越低。

企业与顾客的关系。赖（Lai）（2014）认为，顾客是企业国际化成功的重要因素，不仅能够直接带来销售额和利润，而且能够间接连接国内外市场。根据权变理论，洪（Hung）等（2014）认为，顾客整合水平的高低直接影响企业绩效与延伸生产者责任之间的关系。本书借鉴洪等（2014）的做法，利用"您的公司是否经常与顾客签订正式合同"来衡量企业与顾客之间的关系。

企业与政府的关系。本书利用"您的公司是否安排专员来处理公司与政府之间的关系"来衡量企业与政府之间的关系。

企业与上游企业的关系。本书利用"您的公司是否经常与供应商签订合同"来衡量企业与上游企业之间的关系。

企业人均资本密集度。本书用固定资产与工人总数之商表示企业人均资本密集度，其中固定资产以2000年为基准（=100）进行平减，具体价格指数来源于国家统计数据库。考虑到人均资本密集度对企业出口行为和企业生产率的影响存在滞后性，本书将人均资本密集度滞后二期。

企业人均研发。本书用研发总额与工人总数之商表示企业人均研发。考虑到人均研发对企业出口行为和企业生产率的影响存在滞后性，本书将人均研发滞后二期。

交互项。为了研究不同类型企业的服务投入对企业出口行为的影响，本书使用了国有企业与服务投入的交互项、国有企业与服务投入的交互项、集体企业与服务投入的交互项、合资企业与服务投入的交互项、私营企业与服务投入的交互项、外资企业与服务投入的交互项。

区位是一个哑变量。如果企业位于东部，那么该变量为1；反之，那么该变量为0。

为了初步掌握各变量的基本情况，本书对各变量进行了描述性统计和预期符号，结果如表3-1所示。

表3-1 变量描述统计结果

变量	最大值	最小值	均值	标准差
y_1	70188066	0	120163.3	1132717
y_2	1	0	0.4140	0.4926
y_3	1	0	0.1645	0.3155
ATFP	10.1486	−2.4812	4.0022	1.0753
Sein	24	0	5.1986	4.0186
Rzcb	4	0	1.1122	1.1101
Grpx	1	0	0.8740	0.3319
Ckqg	100	0	4.9076	5.0204
Clie	1	0	0.2954	0.9034
Gove	1	0	0.4417	0.2656
Supp	1	0	0.3301	0.8756
KL_{2003}	15.5939	−4.9626	3.9612	1.4452
KL_{2002}	15.5753	−6.9128	3.8255	1.5005
$RJYF_{2003}$	1181.8290	0.0000	3.5624	20.6740
$RJYF_{2002}$	984.9577	−0.0835	2.9882	16.5129
jhx1	4	0	0.0585	0.3521
jhx2	2	0	0.0351	0.2125
jhx3	24	0	1.9611	3.5320
jhx4	23	0	0.4296	1.8800
jhx5	24	0	0.5875	2.1918
region	1	0	0.3952	0.4889

第五节 服务投入影响企业出口的回归结果分析

一、服务投入对中国制造业企业出口选择的影响

表3-2给出了用Probit方法估计服务投入对中国制造业企业出口选择的影响结果。如表3-2所示，本书首先控制了融资成本、工人培训、贸易便利化程度、企业与顾客的关系、企业与政府的关系、企业与供应商的关系等变量，得到了服务投入对中国制造业企业出口选择的影响，在之后的两列中，本书依次加入了前1期企业人均资本密集度、前2期企业人均资本密集度、前1期企业人均研发投入、前2期企业人均研发投入、国有企业与服务投入的交互项、集体企业与服务投入的交互项、合资企业与服务投入的交互项、私营企业与服务投入的交互项、外资企业与服务投入的交互项、企业所在区域等因素。

表3-2 服务投入对中国制造业企业出口选择的影响（Probit）

变量	（1）	（2）	（3）	（4）	（5）	（6）
C	−1.2910*** （0.0000）	−1.3682*** （0.0000）	−1.8250*** （0.0000）	−1.8358*** （0.0000）	−1.7795*** （0.0000）	−0.6358*** （0.0000）
Sein	0.01970*** （0.0000）	0.0190*** （0.0000）	0.0137*** （0.0000）	0.0137*** （0.0000）	0.0136*** （0.0000）	0.0128*** （0.0006）
Rzcb	−0.0106 （0.3986）	−0.0107 （0.3917）				
Grpx	0.5075*** （0.0000）	0.4728*** （0.0000）	0.3843*** （0.0000）	0.3832*** （0.0000）	0.3691*** （0.0000）	
Ckqg	−0.0088 （0.9987）	0.0099 （0.9948）				

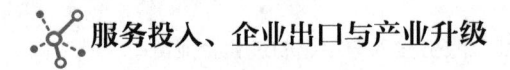

续表

变量	(1)	(2)	(3)	(4)	(5)	(6)
Clie	0.5322*** (0.0000)	0.3676*** (0.0000)	0.3572*** (0.0000)	0.3527*** (0.0000)	0.3460*** (0.0000)	
Gove	0.1703*** (0.0000)	0.1634*** (0.0000)	0.1452*** (0.0000)	0.1454*** (0.0000)	0.1402*** (0.0000)	
Supp		0.2973*** (0.0000)	0.2143*** (0.0000)	0.2138*** (0.0000)	0.2019*** (0.0000)	
Ln(k/l) 2003			0.1594*** (0.0000)	0.0892*** (0.0000)	0.0769*** (0.0000)	
Ln(k/l) 2002				0.0770*** (0.0000)	0.0726*** (0.0000)	
RJYF 2003					0.0126*** (0.0000)	
RJYF 2002					0.0006 (0.7393)	
jhx1						−0.3359*** (0.0000)
jhx2						−0.3100*** (0.0000)
jhx3						−0.0059 (0.1491)
jhx4						0.0977*** (0.0000)
jhx5						0.1490*** (0.0000)
region	no	no	no	no	no	yes

注：括号内为 p 统计量。***、**、*分别表示在1%、5%和10%的统计水平上显著。

从表3-2中可发现，服务投入对中国制造业企业出口选择的影响均在0.1%的水平上显著不为0，服务投入对中国制造业企业出口选择的影响方向始终保持正向不变。这与我们的预期保持一致。我们认为，服务投入正向影响我国制造业企业出口选择的内在机理有以下几个方面：第一，产生成本效应和效率效应。更多优质的服务要素投入生产环节，能够提高企业生产率，降低企业生产成本，提升企业生产效应。鲍德温（Baldwin）和拉弗朗斯（Lafrance）（2014）赞同本书的这种观点。第二，产生选择效应和创新效应。更有优势的服务要素投入到生产环节，在一些产业领域和生产环节上，一定程度上代替了传统要素，产品技术含量更高、质量层次更优、市场需求更旺。同时，优质的服务要素与传统高效的传统要素逐步浸润、相互交融、不断组合，更加有可能生产出满足国际市场需求和拥有广阔市场空间的新产品和新服务，适应我国逐步转向质量型、差异化为主的市场竞争。福尔克（Falk）和雅罗辛斯克（Jarocinska）（2010）的研究结果支持本书的观点。他们认为，优质服务投入发挥着"支撑产品"的功能（交通、电力、金融、保险、法律等），是产品差异化形成的核心要素，是个性化、多样化消费群体的首要选择。第三，产生空间效应和累积效应。梅里兹和奥塔维亚诺（2008）和贝隆（Bellone）等（2014）发现，空间效应影响企业的利润。通过选择效应和创新效应，更多优质的服务要素向企业所在空间集聚，企业生产成本不断降低，生产效率持续提高，国际化发展稳步推进，通过循环累积效应，这种相互促进作用更加明显和高效。谢泼德（Shepherd）（2012）的研究结果支持本书的结论。他认为，服务投入不仅能够影响企业出口选择，而且能够促使服务行业的生产率与制造业的生产率保持明确地正向联系，即前者增加10%，后者平均增加0.6%，而且这种联系随着服务要素投入的强度的增加而增强。

另外，我们发现，工人培训、企业与顾客之间的关系、企业与政府之间的关系、企业与供应商之间的关系、滞后1期和滞后2期的人均资本密集度和滞后1期人均研发投入均在0.1%的水平上显著不为0，这些因素对中国制造业企业出口选择的影响方向均始终保持正向不变。国有企业、集体企业与服务投入的交互项为负值，私营企业和外资企业与服务投入的交互项为正值，且均在0.1%的水平上显著不为0。由此可见，不同所有制企业的服务投入对企业出口选择的影响确实有显著差异。具体来说，私营企业与外资企业的服务投入对企业出口选择的促进作用不断得到加强，而国有企业与集体企业的服务投入对企业出口选择的促进作用被削弱了。这些结论不仅与新新贸易理论模型保持一致，而且与经济实际情况相辅相成。

二、服务投入对中国制造业企业出口总额的影响

表3-3利用一般方法估计了服务投入对中国制造业企业出口总额的影响。第（1）列是控制了融资成本、工人培训、贸易便利化程度、企业与顾客的关系、企业与政府的关系、企业与供应商的关系等变量，得到的服务投入对中国制造业企业出口选择的影响，在之后的五列中，依次加入相关因素后，我们发现，服务投入对中国制造业企业出口总额的影响均在0.1%的水平上显著不为0，服务投入对中国制造业企业出口总额的影响方向始终保持正向不变。这与我们的预期保持一致。

表3-3 服务投入对中国制造业企业出口总额的影响

变量	（1）	（2）	（3）	（4）	（5）	（6）
C	15819.23（0.7087）	−184154.3***（0.0000）	−160611.2***（0.0005）	−153064.2***（0.0001）	−150894.5***（0.0001）	−153906.5***（0.0001）
Sein	11757.25***（0.0001）	11710.35***（0.0001）	11155.82***（0.0002）	11054.32***（0.0003）	16247.41***（0.0000）	16308.87***（0.0000）
Rzcb	−35014.46***（0.0015）	−32603.99***（0.0029）	−31531.05***（0.0039）	−30770.64***（0.0055）	−29404.73***（0.0072）	−29314.67***（0.0074）
Grpx	96159.76***（0.0024）	63261.97**（0.0410）	56408.34*（0.0742）	53619.89*（0.0838）	58755.51*（0.0580）	61076.13**（0.0480）
Ckqg	−13027.45***（0.0000）	−10756.33***（0.0000）	−10313.36***（0.0000）	−10306***（0.0000）	−10092.86***（0.0000）	−10100.85***（0.0000）

续表

变量	（1）	（2）	（3）	（4）	（5）	（6）
Clie	290006.73 （0.4803）		15613.64 （0.7016）			
Gove	70863.68*** （0.0022）	61963.52*** （0.0071）	57153.89** （0.0130）	56606.83** （0.0138）	57861.83** （0.0117）	56558.26** （0.0138）
Supp	20919.67 （0.5744）		−14179.14 （0.7023）			
Lnk/l）2003					4205.077*** （0.0000）	
Lnk/l）2002		49179.05*** （0.0000）	40791.71*** （0.0000）	40350.97*** （0.0000）	39395.82*** （0.0000）	38584.96*** （0.0000）
RJYF 2003			2309.506*** （0.0008）	2306.719*** （0.0009）		2317.751*** （0.0008）
RJYF 2002			3457.755*** （0.0001）	3454.905*** （0.0001）		3358.289*** （0.0001）
jhx1				−11087.28 （0.7027）		
jhx2				−33528.95 0.4812）	−52563.65 （0.2712）	
jhx3					−13965.56*** （0.0000）	13726.43*** （0.0000）
jhx4						−3404.417 （0.5467）
region	no	yes	yes	yes	yes	yes
Obs	12400	12400	12400	12394	12399	12394

说明：括号内为 p 统计量。***、**、* 分别表示在 0.1%、1% 和 5% 的统计水平上显著。

融资成本和出口清关天数对中国制造业企业出口总额的影响均在 0.1% 的水平上显著为负，滞后 1 期和 2 期的人均资本密集度和人均研发支出、工人培训、企业与政府之间的关系对中国制造业企业出口总额的影响分别在 0.1%、0.1%、0.1%、0.1%、1%、0.5% 的水平上显著为正，说明这些因素均显著地影响我国制造业企业出口贸易总额的变化。这些结论对于我国企业在面临经济下行压力依然存在、外部需求难有明显回升和贸易摩擦形势依然严峻的挑战下构建新的贸易竞争优势具有重要的理论价值和现实意义。

服务投入的提高，在一定程度上必将引起制造业企业出口总额的增加。这是因为服务投入的提高产生了本地市场效应、自我选择效应和空间集聚效应，促使企业出口总额不断增加。首先，服务投入的数量和质量不断提高，导致企业产品质量持续得到改善，国内市场需求迅速扩大，企业通过本地市场效应扩大了出口总额。其次，服务投入的数量和质量不断提高，企业生产成本稳步降低，生产率水平不断提高，持续达到或者超过某些生产率阀值，通过自我选择效应进入国际市场，获取更高的国际化投资收益。最后，服务投入的数量和质量不断提高，企业国内外投资收益持续增加，企业在国内外市场的地位、形象、盛誉、品牌等不断提升，诱导更多优质的生产要素流入企业，企业通过生产要素的空间集聚效应，进一步扩大出口总额。

三、服务投入对中国制造业企业出口强度的影响

表 3-4 利用一般方法估计了服务投入对中国制造业企业出口强度的影响。第（1）列是控制了融资成本、工人培训、贸易便利化程度、企业与顾客的关系、企业与政府的关系、企业与供应商的关系等变量，得到了服务投入对中国制造业企业出口选择的影响，在之后的五列中，依次加入相关因素后，我们发现，服务投入对中国制造业企业出口强度的影响均在 0.1% 的水平上显著不为 0，服务投入对中国制造业企业出口总额的影响方向始终保持正向不变。这与我们的预期保持一致。

表 3-4 服务投入对中国制造业企业出口强度的影响

变量	（1）	（2）	（3）	（4）	（5）	（6）
C	0.1464*** (0.0000)	0.1175*** (0.0000)	0.1303*** (0.0000)	0.1364*** (0.0000)	0.1380*** (0.0000)	0.1642*** (0.0000)
Sein	0.0027*** (0.0015)	0.0038*** (0.0000)	0.0036*** (0.0000)	0.0071*** (0.0000)	0.0037*** (0.0000)	0.0038*** (0.0000)
Rzcb	−0.0210*** (0.0000)	−0.0164*** (0.0000)	−0.0140*** (0.0000)	−0.0113*** (0.0001)	−0.0103*** (0.0004)	−0.0054* (0.0621)
Grpx	0.0192** (0.0281)	0.0222*** (0.0084)	0.0190** (0.0244)	0.0217*** (0.0098)	0.0215*** (0.0098)	0.0180** (0.0271)
Ckqg	−0.0073*** (0.0000)	−0.0057*** (0.0000)	−0.0056*** (0.0000)	−0.0054*** (0.0000)	−0.0052*** (0.0000)	−0.0046*** (0.0000)
Clie	0.0513*** (0.0000)	0.0409*** (0.0000)	0.0448*** (0.0000)	0.0453*** (0.0000)	0.0455*** (0.0000)	0.0426*** (0.0000)
Gove	0.0409*** (0.0000)	0.0409*** (0.0000)	0.0404*** (0.0000)	0.0393*** (0.0000)	0.0362*** (0.0000)	0.0311*** (0.0000)
Supp	−0.0113 (0.2744)					
Lnk/l) 2003		−0.0200*** (0.0000)	−0.0180*** (0.0000)	−0.0197*** (0.0000)	−0.0192*** (0.0000)	−0.0232*** (0.0000)
Lnk/l) 2002		0.0036 (0.3556)				
RJYF 2003		−0.0002 (0.3665)				
RJYF 2002		0.0171 (0.9132)				
jhx1			−0.0391*** (0.0000)	−0.0529*** (0.0000)	−0.0448*** (0.0003)	−0.0298*** (0.0001)
jhx2			−0.0420*** (0.0010)	−0.0569*** (0.0000)	−0.0462*** (0.0000)	−0.0260** (0.0371)

续表

变量	（1）	（2）	（3）	（4）	（5）	（6）
jhx3				−0.0103*** （0.0000）	−0.0074*** （0.0000）	−0.0011 0.2142）
jhx4					0.0218*** （0.0000）	0.0202*** （0.0000）
jhx5						0.0291*** （0.0000）
region	no	yes	yes	yes	yes	yes
Obs	12400	12394	12394	12400	12400	12400

说明：括号内为 p 统计量。***、**、* 分别表示在 0.1%、1% 和 5% 的统计水平上显著。

融资成本、出口清关天数、滞后 1 期的人均资本密集度对中国制造业企业出口强度的影响均在 0.1% 的水平上显著为负，工人培训、企业与顾客的关系、企业与政府的关系对中国制造业企业出口强度影响均在 0.5%、0.1%、0.1% 的水平上显著为正。不同类型的服务投入对中国制造业企业出口强度的影响不尽相同。国有企业、集体企业和合资企业的服务投入对企业出口强度的影响会被削弱，而私营企业和外资企业的服务投入对企业出口强度的影响则会不断加强。

四、稳健性检验

为了检验前文服务投入对中国制造业企业出口行为实证分析结果的稳健性，本书利用世界银行微观数据库提供的数据，从方法、空间、样本和人力资本等方面进行稳健性检验❶。

首先，我们采用 Logit 模型对前述计量结果进行了进一步的稳健性检

---

❶ 为了节省篇幅，本书省略了稳健性检验的回归结果。

验。Logit 模型是一种离散选择法模型，属于多重变量分析范畴。谢里夫（Shariff）、扎哈林（Zaharim）和索菲亚（Sopian）（2009）比较了 Probit 模型和 Logit 模型在回归分析过程中的异同。他们认为，如果常态优势不确定时，Logit 计量回归分析可能更加稳健。与 Probit 计量回归分析结果一样，服务投入对中国制造业企业出口选择的影响均在 1% 的水平上显著不为 0，且始终保持正向不变。巴斯（2009）为本书的这一结论提供了很好的佐证。巴斯（2009）利用阿根廷（1992—2001 年）和智利（1990—1999 年）两个国家微观数据研究了服务投入对制造业强企业出口行为的影响，结果发现，对国外服务投入存在较高依赖性的企业越有可能获得较多的贸易收益，较高的出口成功概率（出口粗放型边际）和较大的出口贸易额（出口集约型边际），服务投入自由化能够直接导致制造业企业出口贸易额增加 27%，出口成功概率增加了 5.5%—8%。本书利用 Logit 模型得到的回归结果说明服务投入对中国制造业企业出口行为的影响在方法层面保持较强的稳健性。

其次，我们利用空间数据进行服务投入对中国制造业企业出口行为实证分析。按照惯例，我们把总样本细分为东部、中部和西部三个子样本，并对每个子样本进行实证分析。结果显示，服务投入对我国东部制造业企业出口强度的影响均在 1% 的水平上显著不为 0，且始终保持正向不变，说明服务投入非常显著地促进了东部制造业企业出口比例。这一结论与我们的预期保持一致。改革开放三十多年来，东部区位凭借优势明显、产业基础良好、工人素质较高、外资溢出显著、创新氛围浓厚等，积极将国内外服务要素投入生产过程，不断进行产品要素和结构的组合和创新，产品质量和国内市场需求量不断扩大，企业生产成本逐步降低，生产效率稳步提升。服务投入对我国中部制造业企业出口选择的影响均在 0.01% 的水平上显著不为 0，且始终保持正向不变，说明服务投入显著地促进了中部制造业企业出口选择。这一结论与我们的预期保持一致。中部地区服务投入每增加 1%，企业出口选择（出口可能性）平均增加 17.72%。这一结论与我们的预期保持一致。结果显示，服务投入对我国西部制造业企业出口选择的影响均在5%的水平上显著不为0,且始终保持负向不变,说明服务投入显著地降低了西部制造业企业出口选择。这一结论与我们的预期不太一致。可能的解释,尽管更多的服务要素投入到产品生产过程,但是西部地区的工人技术、产业基础、创新氛围、人力资本等,与东部和中部还有差距,没能与服务投入较好地排列组合,企业生产成本和生产效率没有明显的变化,所以,西部地区服务投入和出口选择之间存在反向关系。

再次,我们利用2012年世界银行微观数据库进行服务投入对中国企业出口行为实证分析。该数据库共2700家非国有企业,包括1692家制造业企业和1008家服务业企业,有利于进一步探究服务投入对中国企业出口行为的影响。本书将服务投入细分为交通服务、制度服务、电力服务和通信服务,根据各自权重经过测算得到了企业产品的服务投入,同时利用交通服务和制度服务进行重新回归分析,另外,我们还考虑了产品创新、高管经验、产品质量、国外要素等变量。无论是总体样本,还是个体样本,服务投入对我国企业(包括服务业)出口行为的影响均在1%的水平上显著不为0,且始终保持正向不变,与前文分析结果保持一致。同时,我们还发现,高层经验、国外要素等变量在0.1%的水平上正向显著地影响中国企业出口行为。

最后,我们利用2005年世界银行中国企业数据库提供的数据,对不同程度的人力资本企业进行稳健性分析。根据范诺梅林根(Vanormelingen)和贝弗伦(Beveren)(2014)的建议,我们选择"高中以上学历的工人比例"将我国制造业企业细分为高人力资本企业和低人力资本企业,分别为1244家和11156家。对于高人力资本制造业企业来说,服务投入对企业出口选择的影响在0.0325~0.0418之间,平均为0.0377。也就是说,服务投入每增加1%,高人力资本制造业企业出口可能性增加3.77%。这一比率高于低人力资本制造业企业。对于低人力资本制造业企业来说,服务投入对企业出口选择的影响在0.0121~0.0368之间,平均为0.0208。也就是说,服务投入每增加1%,低人力资本制造业企业出口可能性增加2.08%,低于高人力资本制造业企业的相应指标。究其原因在于,服务投入的增加是否能够显著影响企业出口选择，在于是否存在大量基础厚、素质高、业务熟和技能精的工人运用创造性思维和方法将服务投入转化到生产过程中，在实现价值增值的同时，能够更加适应国内外消费者的偏好和国内外市场的变化。所以，高人力资本制造业企业服务投入对企业出口的促进作用比低人力资本制造业企业更强。范诺梅林根和贝弗伦（2014）与本书的结论相同。他们利用佩特林（Petrin）和莱文森（Levinsohn）（2012）的方法将企业生产率增长进行了细分后发现，高人力资本的企业的生产率增长效应更加明显。

本书利用世界银行微观数据库，研究了服务投入对中国制造业企业出口行为的影响。结果显示，服务投入不仅显著地影响中国制造业企业出口可能性，而且显著地影响中国制造业企业出口总额和出口强度。这些结论有利于促使我国制造业企业以产业转型升级需求为导向，向价值链高端延伸，推动产业逐步由生产制造型向生产服务型转变。同时，这些结论没有随着研究方法、选择样本和人力资本的变化而变化，具有较强的稳健性。那么，服务投入对中国制造业企业出口行为的影响是否与企业生产率有某种关系？或者说，服务投入影响企业出口行为的传导机制是否是企业生产率？本书将对这些问题进行深入挖掘。

第六节　服务投入影响中国制造业企业出口的机制检验

梅里兹（2003）和赫尔普曼（Helpman）等（2004）认为，企业国际化模式选择主要依据企业生产率。生产率最低的企业因无法承担固定成本被迫退出市场，生产率较低的企业因无法承担沉没成本被迫仅在国内市场经营销售，生产率较高的企业选择间接出口或者直接出口模式进入国际市场，生产率最高的企业选择投资模式进入国际市场。结合上文分析结果，我们认为，服务投入通过企业生产率这个传导机制影响我国制造业企业出口行为。下面我们通过构建计量模型、实证分析和稳健性检验进行证明。

一、构建计量模型

本书在洛德法克（Lodefalk）（2014）的基础上，在异质性假设下研究服务投入对中国制造业企业出口行为的影响，计量模型如下：

$$\text{TFP}_{it} = \alpha_0 + \alpha_1 \text{Sein}_{it} + \sum_{s=1}^{2} \alpha_s \times \ln(\text{KL}_{ist}) \\ + \sum_{w=1}^{2} \alpha_w \times \text{RJYF}_{iwt} + \sum_{d=1}^{6} \alpha_d \times Z_{idt} + \xi R_{it} + \varepsilon_{it} \quad (3-8)$$

其中，α_0、α_1、α_s、α_w、α_d、ξ表示回归系数。

二、回归分析

表3-5给出了用一般计量回归方法估计服务投入对中国制造业企业生产率的影响结果。如表3-5所示，本书首先控制了融资成本、工人培训、企业出口清关天数（贸易便利化程度）等变量，得到了服务投入对中国制造业企业生产率的影响，在之后的五列中，依次加入了企业与顾客的关系、企业与政府的关系、企业与供应商的关系、前1期企业人均资本密集度、前2期企业人均资本密集度、前1期企业人均研发投入、前2期企业人均研发投入和企业所在区域等因素。服务投入对中国制造业企业生产率的影响均在1%的水平上显著不为0，且始终保持正向不变。本书认为，服务投入对制造业企业生产率的影响存在互补效应、技术效应和转换效应。首先，企业从国外市场进口优质服务投入，可以与传统生产要素形成互补，达到良性互动和深度融合，有利于生产者优化产品要素结构和丰富产品内涵。其次，企业从国外市场进口服务投入，尤其是从发达国家进口，促使生产者通过学习效应从中掌握先进技术，提高产品技术水平和产品质量。巴斯和斯特劳斯卡恩（Strauss-Kahn）（2014）的研究结果支持了这个观点。他们

利用法国1995—2005年微观数据进行实证分析，结果显示，从发达国家进口服务投入对企业生产率的促进作用比从发展中国家进口服务投入增加了20%~60%。最后，企业从国外进口服务投入，不仅增加了产品生产的要素种类，而且优化了产品生产的要素结构，有利于生产者转换产品分类、产品属性和市场需求，有利于深化产业融合，细化专业分工，提高创新能力，不断提升我国制造业综合竞争力。巴斯和斯特劳斯卡恩（2014）也证实了这个观点。他们发现，国外服务投入种类加倍，导致法国制造业企业生产率增加4%。

表3-5 服务投入对中国制造业企业生产率的影响

变量	（1）	（2）	（3）	（4）	（5）	（6）
C	3.7673*** （0.0000）	3.6106*** （0.0000）	3.2910*** （0.0000）	3.1368*** （0.0000）	3.1875*** （0.0000）	3.1924*** （0.0000）
Sein	0.0740*** （0.0000）	0.0687*** （0.0000）	0.0633*** （0.0000）	0.0596*** （0.0000）	0.0543*** （0.0000）	0.0521*** （0.0000）
Rzcb	−0.0725*** （0.0000）	−0.0755*** （0.0000）	−0.0839*** （0.0000）	−0.0683*** （0.0000）	−0.0663*** （0.0000）	−0.0655*** （0.0000）
Grpx	0.3667*** （0.0000）	0.3128*** （0.0000）	0.2452*** （0.0000）	0.2354*** （0.0000）	0.2254*** （0.0000）	0.2259*** （0.0000）
Ckqg	−0.0115*** （0.0000）	−0.0118*** （0.0000）	−0.0113*** （0.0000）	−0.0068*** （0.0003）	−0.0061*** （0.0012）	−0.0060*** （0.0013）
Clie		0.0510 （0.1874）				
Gove		0.0825*** （0.0002）	0.0646*** （0.0027）	0.0619*** （0.0033）	0.0571*** （0.0061）	0.0540*** （0.0095）
Supp		0.1647*** （0.0000）	0.1183*** （0.0001）	0.1096*** （0.0002）	0.1006*** （0.0005）	0.0994*** （0.0005）
Lnk/l) 2003			0.1213*** （0.0000）	0.0696*** （0.0000）	0.0611*** （0.0000）	0.0599*** （0.0000）

续表

变量	（1）	（2）	（3）	（4）	（5）	（6）
$Lnk/l)_{2002}$				0.0443*** (0.0008)	0.0387*** (0.0032)	0.0380*** (0.0038)
$RJYF_{2003}$					0.0077*** (0.0000)	0.0048*** (0.0000)
$RJYF_{2002}$					0.4098*** (0.0000)	0.0052*** (0.0000)
region	no	no	no	yes	yes	yes
Obs	12386	12386	12386	12386	12385	12380

说明：括号内为 p 统计量。***、**、* 分别表示在 0.1%、1% 和 5% 的统计水平上显著。

三、稳健性分析

为了检验服务投入对中国制造业企业生产率实证分析结果的稳健性，本书利用世界银行微观数据库提供的数据进行稳健性检验。与前文一致，根据范诺梅林根和贝弗伦（2014）的建议，我们选择"高中以上学历的工人比例"将我国制造业企业细分为高人力资本企业和低人力资本企业，分别为1244家和11156家，分别进行实证分析。结果显示，对于高人力资本制造业企业来说，服务投入显著地提高了企业生产率水平，具体来说，服务投入每增加1%，高人力资本企业生产率增加2.44%~2.84%，平均达到2.63%。对于低人力资本制造业企业来说，服务投入并没有显著地影响企业生产率水平。这些实证分析结果与我们的预期保持一致，对于我国巩固外贸传统优势，培育竞争新优势，拓展外贸发展空间和推动经济发展提质增效升级等具有重要的理论价值和现实意义。正如前文所述，服务投入对制造业企业生产率的影响存在互补效应、技术效应和转换效应。无论充分发挥哪一种效应，都需要增强人力资本素质和提升人力资源配置效率人，都需要创新型、应用型、复合型、技术技能型的生产者运用专业知识、创新思维和先进理念进行整合、重构和优化。查齐朱切尔（Chatzimichael）和祖韦勒克（Tzouvelekas）（2014）肯定了本书的结论。他们利用121个发达和发展中国家1970—2007年的数据进行实证分析，结果显示，人力资本显著地影响企业生产率，具体来说，人力资本每增加1%，导致企业生产率增加19.5%。

四、进一步分析

本书研究服务投入对我国制造业企业出口行为的影响，可以为我国推动服务贸易自由化改革，提高制造业企业国际化能力提供理论支撑和政策建议。当然，本研究仍有不少值得商榷的地方和进一步研究的领域：其一，服务业企业创新与国际市场进入模式选择。相对于制造业来说，服务业产品具有非实物性和不可储存性等特征，服务创新呈现复杂性、多样性和异质性等属性，面对国际市场的不确定性，服务业企业如何选择进入模式，不同生产率水平的服务业企业进行创新是否影响进入模式的选择？富尔维奥·卡斯特拉奇（Fulvio Castellacci）（2014a，2014b）进行了有益尝试。其二，我国服务业企业出口决定因素的实证分析和政策建议。萨胡和兰詹（Ranjan）（2014）对印度过去三十多年现代服务业持续快速发展的影响因素进行了实证分析，结果发现，伴随着国际市场需求动荡与汇率波动，人力资本、电话普及率、金融发展、基础设施建设与体系是印度可持续现代服务业出口（Sustaining Modern Services Exports，MSEs）的核心驱动力。他们建议，印度政府应当继续改善教育水平，加快基础设施建设，深化金融改革，提高电话普及率，促进印度现代服务业在国际市场上更具竞争力。那么，哪些因素影响我国服务业出口决定和国际竞争力的提高？其三，中介技术如何影响服务业企业出口增长的三元边际？随着贸易工具不断创新和贸易设施逐步完善，贸易中介在贸易全球化和全球价值链中所起的作用与日俱增（Bernard, et al., 2010）。近些年，国内外许多学者拓展了国际贸易和企业异质性的研究范畴后，敏锐地发现，作为维系国际贸易车轮不断前行的"润滑剂"，贸易中介能够显著影响企业出口，已经成为企业国际化的"幕后推手"（Antràs，et al.，2011）。伯纳德等（2014）分析了中介技术对企业出口增长二元边际的影响。那么，中介技术如何影响我国服务业企业广度增长、数量增长和价格增长是一个值得深入思考的问题。

第四章　法律服务与中国制造业企业出口

法律服务是国际商事活动和现代企业管理中不可缺少的关键环节，应在企业国际化发展中充分发挥专业优势。研究中国制造业企业国际化中的律师服务问题，推进国际法律服务专业化、国际化、高端化、品牌化，为实施中国制造业企业"走出去"战略和国际经贸领域的深度交流合作"保驾护航"，有利于提升企业国际竞争能力，全面提高开放型经济水平。

第一节　法律服务与企业出口：一个宏观的视角

改革开放四十多年来，我国经历了法律服务形成完善优化和企业出口规模结构效益提升，成效非常显著。那么，研究我国法律服务是否促进了企业出口，具有重要的理论意义和现实价值。首先，研究法律服务与中国制造业企业出口行为决定，有利于增强法律服务保障水平，积极打造法律服务升级版。律师服务是一种知识密集型服务贸易，在海外投资、知识产权、兼并重组、海商海事、境内外上市以及反倾销、反垄断等领域发挥着不可替代的作用。其次，研究中国制造业企业国际化中的律师服务问题，探究律师在企业国际化发展中的法律顾问、代理注册、诉讼代理等功能，不仅有利于为客户提供优质、高效、便捷的法律服务，而且有利于增强法律服务保障水平，积极打造法律服务升级版。再次，研究法律服务与中国制造业企业出口行为决定，有利于积极推进国家治理体系，全面提升治理能力现代化。律师是中国特色社会主义法律工作者，是落实依法治国基本方略、建设社会主义法治国家的重要力量。律师服务是法律服务的主体之一，是我国"走出去"战略实施成功与否的法治保证。最后，研究中国制造业企业国际化中的律师服务问题，有利于引导国家治理者运用法治思维和法律制度治理国家，积极推进国家治理体系，全面提升治理能力现代化。最后，研究法律服务与中国制造业企业出口行为决定，有利于提升企业国际竞争能力，全面提高开放型经济水平。

第二节 提出问题

通过对已有文献的梳理和回顾，我们发现，学者们对我国出口奇迹的理论解释主要聚焦在企业生产率方面，忽略了法律服务对我国制造业企业出口的解释。事实上，加入世贸组织十多年来，尤其是随着2002—2007年入世过渡期的结束，我国逐步对外开放了基础电信、保险、证券、银行及金融等服务贸易领域的相关业务，服务贸易自由化程度逐步加深。据张艳等（2013）测算，我国分销部门服务贸易限制指数从2001年0.6925下降至2009年0.2375，下降幅度达65.70%，固定电信、移动电信、银行和保险等部门服务贸易限制指数同期也均有大幅度的下降。与此相伴随的是，我国出口贸易的结构不断优化，总额屡创新高，竞争力持续增强。我国法律服务与企业出口之间很有可能存在某种互动关系，而学界对此则较少关注。

本书的创新点有以下三个方面。一是在国内较早地考察法律服务对我国制造业企业出口的影响。二是以大量微观企业数据作为分析样本，很大程度上消除了以往研究使用区域数据或行业数据带来的样本不足、质量不高和结论失真等问题。三是借鉴国内外优秀研究成果，充分考虑了服务贸易自由化内生性和不确定性，以及估算全要素生产率可能产生的同步偏差和选择偏差等情况，在计量模型、指标筛选、数据说明、工具选择和稳健性分析等环节，进行了适当处理，进一步增强了结论的可靠性和现实价值。

第三节　法律服务与我国制造业企业出口的典型事实

在进行实证分析之间，我们首先以法律服务为例，对1984年至2012年间我国法律服务与企业出口的典型事实进行描述❶，以期对两者之间的关系进行初步了解和掌握，为下文进行理论研究奠定基础。

一、国家层面的典型事实

根据国家统计局提供的国家数据（National Data）、历年国家统计年鉴、海关总署统计数据和中国司法行政统计年鉴等，我们首先得到了我国法律服务与企业出口的关系❷，具体如图4-1所示。

在图4-1中，我们以律师事务所数、专职律师数、刑事诉讼辩护及代理三个变量表示我国法律服务，以出口商品总额、初级产品出口额和工业制成品出口额来表示我国制造业企业出口。我国律师事务所从1984年2773所增加到2012年19361所，增幅为598.20%，年均增长幅度为24.08%，专职律师数由1984年4947人增加到2012年208356人，增幅到4111.76%，年平均增长幅度为145.23%，刑事诉讼辩护及代理由1984年159867件增加到2012年576050件，增幅到260.33%，年平均增长幅度为12.43%。同期，我国出口商品总额由1984年261.40亿美元增加到2012年20487.14亿

---

❶　我国从1984年开始对法律服务进行统计。

❷　第一，进出口数据来源于海关总署。1978年为外贸业务统计数，1980年起为海关进出口统计数。第二，1993年以前的民事诉讼代理含有经济诉讼代理数。第三，2011年起，专职司法助理员统计口径有所调整，地方司法所事业编制专职司法助理员纳入统计。

美元，增幅达7737.47%，其中，初级产品出口额增幅达742.62%，工业制成品出口额增幅达13614.58%，年平均增长幅度分别为270.26%、29.06%和472.91%。因此，在国家层面上，从我国法律服务发展进程和出口贸易发展趋势大致可以判断出来，我国服务投入显著地正向促进我国制造业企业出口。

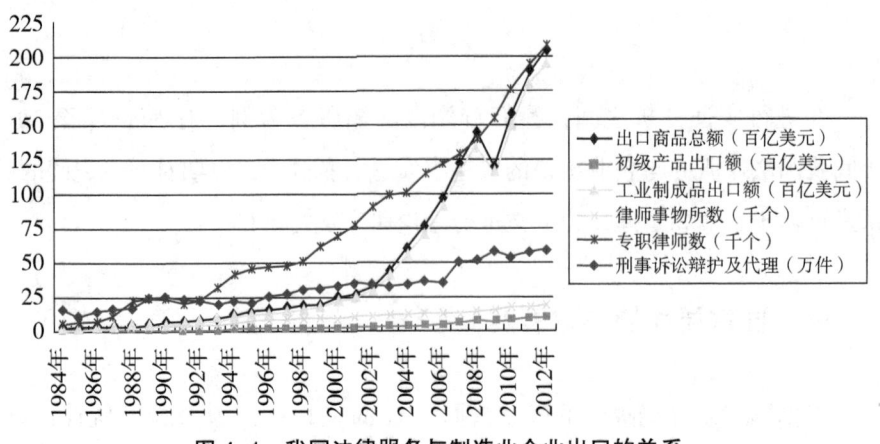

图4-1 我国法律服务与制造业企业出口的关系

二、行业层面的典型事实

上文我们采用数据加总的方法描述了我国法律服务与企业出口之间的关系。虽然这种方法简单易行，形象生动，但可能忽略了产业之间存在的差异。接着，我们将数据细分至各个行业，试图探寻我国法律服务与企业出口之间的关系，具体数据参见表4-1。

从表4-1中，我们看到，律师工作人员、民事诉讼代理、非诉讼法律事务、解答法律询问、代写法律事务文书、公证人员、专职司法助理员、人民调解委员会、调解人员、调解民间纠纷在样本期间年平均增长幅度分别达到96%、117%、100%、13%、104%、11%、9%、3%、3%、5%。与此同时，初级产品行业企业出口中，食品及主要供食用的活动物出口额，饮料及烟类出口额，非食用原料出口额，矿物燃料、润滑油及有关原料出

表 4-1　我国律师服务与各行业企业出口的关系

指标	2012年	2008年	2005年	2000年	1995年	1990年	1984年	样本期内增长幅度总额	样本期内年平均增长幅度（%）
律师工作人员（人）	232384	156710	153846	117260	90602	34379	8330	2790	96
民事诉讼代理（件）	1779118	1401147	965956	640610	316250	330672	52213	3407	117
非诉讼法律事务（件）	585358	729218	933346	770087	452021	110139	20194	2899	100
解答法律咨询（次/万人）	436.92	350.86	441.48	457.40	196.00	275.70	119.10	367.00	13.00
代写法律事务文书（万件）	733.00	720.99	120.07	111.30	54.40	51.70	24.30	3016.00	104.00
公证人员（人）	26527	33462	20789	19211	16949	15786	8382	316	11
专职司法助理员（人）	95920	74147	61666	54638	53922	47399	35782	268	9
人民调解委员会（万个）	81.7	82.7	84.7	96.4	101.0	102.1	94.0	87.0	3.0
调解民间纠纷（万件）	428.14	479.29	509.65	844.50	1025.90	625.60	457.60	94.00	3.00
调解民间纠纷（万件）	926.59	498.14	448.68	503.10	602.80	740.90	674.90	137.00	5.00
出口商品总额（百万美元）	2048714.4	1430693.1	761953.0	249203.0	148780.0	62091.0	26140.0	7837.0	270.0
初级产品出口额（百万美元）	100558.21	77956.93	49037.00	25460.00	21485.00	15886.00	11934.00	847.00	29.00
食品及主要供食用的活动物出口额（百万美元）	52074.91	32761.99	22480.00	12282.00	9954.00	6609.00	3232.00	1611.00	56.00
饮料及烟类出口额（百万美元）	2590.41	1529.43	1183.00	745.00	1370.00	342.00	110.00	2355.00	81.00

续表

指标	2012年	2008年	2005年	2000年	1995年	1990年	1984年	样本期内增长幅度总额	样本期内年平均增长幅度（%）
非食用原料出口额（百万美元）	14341.47	11318.90	7484.00	4462.00	4375.00	3537.00	2421.00	592.00	20.00
矿物燃料、润滑油及有关原料出口额（百万美元）	31006.96	31772.92	17622.00	7855.00	5332.00	5237.00	6027.00	514.00	18.00
动、植物油脂及蜡出口额（百万美元）	544.47	573.69	268.00	116.00	454.00	161.00	144.00	378.00	13.00
工业制成品出口额（百万美元）	1948156.1	1352736.1	712916.0	223743.0	127295.0	46205.0	14205.0	13715.0	473.0
化学品及有关产品出口额（百万美元）	113565.36	79346.42	35772.00	12098.00	9094.00	3730.00	1364.00	8326.00	287.00
轻纺产品、橡胶制品矿冶产品及其制品出口额（百万美元）	333140.81	262391.22	129121.00	42546.00	32240.00	12576.00	5054.00	6592.00	227.00
机械及运输设备出口额（百万美元）	964361.30	673329.15	352234.00	82600.00	31407.00	5588.00	1493.00	64592.00	2227.00
杂项制品出口额（百万美元）	535671.87	335959.32	194183.00	86278.00	54548.00	12686.00	4697.00	11405.00	393.00
未分类的其他商品出口额（百万美元）	1416.79	1710.03	1606.00	221.00	6.00	11625.00	1597.00	89.00	3.00

口额，动、植物油脂及蜡出口额在样本期间年平均增长幅度分别达到56%、81%、20%、18%和13%，工业制成品行业企业出口中，化学品及有关产品出口额，轻纺产品、橡胶制品矿冶产品及其制品出口额，机械及运输设备出口额，杂项制品出口额在样本期间年平均增长幅度分别达到287%、227%、2227%和393%。在行业企业层面上，我国法律服务业的持续迅速发展与出口规模不断扩大相伴而生。所以，我们推断，我国服务投入显著地正向促进我国制造业企业出口。

以上分析所得到的结论是建立在国家和产业企业层面。不过，这些还只是初步的结论，下文我们将通过构建计量模型进行科学严谨的实证分析，探究我国服务台投入与企业出口之间是否存在某种关系。

第四节　实证分析设计

一、数据及指标说明

本书选取世界银行企业调查数据库。该数据库包括12400家企业，涉及不同规模不同所有权的企业（国有企业、集体企业、合资企业、有限责任公司、股份制公司、民营企业、港澳台投资公司、外商投资公司），30个行业，123个地级市（包括直辖市），调查方式采用发放调查问卷，调查对象包括公司所有者和企业高管，调查内容包括公司信息（包括公司成立年份、2004年销售情况、公司所有权状况、生产能力状况等），影响企业发展的投资环境因素（通信、电力、交通等），与批发商零售商的关系（是否经常与顾客签订正式合同、与公司最大客户合作年限等），与原料供应商的关系，公司社会保障和员工激励状况，基础设施和服务状况，国际贸易开展状况，筹措资金状况，企业主管和董事会信息，公司与政府状况等，这些信息为我们研究我国法律服务与企业出口行为提供了非常宝贵的数据资料。

下面简单介绍本书中使用的一些重要变量的测量方法。

企业的出口选择是指企业是否选择出口到国际市场。作为二元离散变量，如果企业不出口，则该变量取值为0，如果企业出口，则该变量取值为1。

企业的出口概率是指企业在2004年出口的可能性。相对于企业的出口选择来说，企业的出口概率（成功出口）更为重要。我们认为，企业海外销售份额在一定程度上说明了企业的出口概率。例如，如果企业的海外销售份额为0，说明企业的出口概率为0；如果企业的海外销售份额为1，说明企业的出口概率为1。所以，本书利用海外销售份额来表示企业的出口概率。

法律服务是律师、法律专业人士或相应法律机构为帮助自然人或法人实现防范法律风险、消除不法损害、维护正当权益和提高经济收益等目的所提供专业法律知识或技术的一种生产性服务业。在我国，目前的法律服务包括律师服务、公证服务、基层法律服务、法律援助和司法鉴定等。在我国，法律服务主要以律师服务为主导，所以本书用律师服务表示法律服务。具体来说，2004年世界银行企业调查数据库在第三部分"企业与批发商和零售商关系"时调查了企业利用法律诉讼解决问题的时间。在我国律师业务收入中，由刑事诉讼、民事诉讼和行政诉讼组成的律师诉讼业务占有绝对比例。以2013年为例，全国律师行业业务总收入为4656961万元，其中，律师诉讼案件收入2211917.33万元，占47.50%，居所有律师行业业务之首。因此，本书选择"企业利用法律诉讼解决问题的时间"表示法律服务。企业生产率是新新贸易理论的重要概念。企业生产率不同，一国内同一产业内企业就会做出不同的出口行为。本书将核心收入和其他收入之和作为企业当年产值，同时结合劳动就业、净固定资产和固定资产投资，利用固定效应模型估计企业当年的全要素生产率，尽量避免劳动生产率估计带来的内生性问题。

另外，结合世界银行提供的数据库和研究需要，本书对企业研发投入、电信成本、工人技术水平和教育状况、关税、交通状况、企业年龄、融资难易程度、融资成本等变量分别进行了描述，并进行数据处理。

二、计量模型

本书研究市场化对中国制造业企业出口行为的影响，具体来说，包括对出口行为选择、出口贸易总额和出口成功概率的影响，估计方程如下：

$$\text{Export}_{ij} = \alpha_0 + \alpha_1 \ln(\text{Etsi}_{ij}) + \alpha_2 (\ln\text{Etsi}_{ij})^2 + \alpha_3 (\ln\text{Etsi}_{ij})^3 + \alpha_4 \ln\text{TFP}_{ij} \\ + \alpha_5 \ln(\text{Etsi}_{ij}) \cdot \ln\text{TFP}_{ij} + \alpha_6 X_{ij} + \alpha_7 P_{ij} + \alpha_8 I_{ij} + \alpha_9 O_{ij} + \varepsilon_{ij} \quad (4-1)$$

式中，Export_{it}表示中国制造业企业i在t时期的出口行为。在计量回归时，为了考察研究的稳健性，本书利用出口行为选择、出口贸易总额和出口成功概率三个指标来代替企业出口行为，分别用$\text{Export}_{\text{dumy}}$、$\ln(\text{Export}_{\text{trade}})$和$\text{Export}_{\text{probability}}$表示，其中，如果企业不出口，$\text{Export}_{\text{dumy}}=0$，如果企业出口，$\text{Export}_{\text{dumy}}=1$，采用Probit模型进行回归；$\ln(\text{Export}_{\text{trade}})$表示企业出口贸易总额的对数，采用Tobit模型进行回归；$\text{Export}_{\text{probability}}$表示企业出口概率，利用出口贸易总额在企业总销售额中的比重来衡量，如果不出口，企业出口成功概率为0，如果出口，则取出口在销售中的比例，分别采用一般模型进行回归。Etsj_{ij}表示法律服务，X_{ij}表示控制变量，P_{ij}、I_{ij}、O_{ij}表示区位、产业和所有权哑变量，α_0到α_9表示回归系数。

第五节 法律服务影响制造业企业出口的估计结果分析

一、法律服务对企业出口选择的影响

表4-2给出了利用Probit回归方法估计法律服务对企业出口选择的影响。第一列是控制了法律服务、法律服务平方、法律服务三次方、研发投入、生产率、法律服务与生产率的交互项、电信成本所得到的回归结果，在之后的九列中，我们依次加入了工人技术水平和教育状况、关税、交通状况、企业年龄、融资难易程度、融资成本、区位哑变量、所有权哑变量等因素。

表 4-2 法律服务对企业出口选择的影响（Probit 回归）

出口选择	(1)	(2)	(3)	(4)	(5)	(6)	(7)	(8)	(9)	(10)
法律服务	0.0392*** (0.0021)	0.0373*** (0.0035)	0.0361*** (0.0065)	0.0553*** (0.0000)	0.0584*** (0.0000)	0.0455*** (0.0003)	0.0391*** (0.0035)	0.0387*** (0.0039)	0.0523*** (0.0000)	0.0647*** (0.0000)
法律服务平方	-0.0031** (0.0176)	-0.0029** (0.0225)	-0.0030** (0.0248)	-0.0038*** (0.0038)	-0.0040*** (0.0023)	-0.0030** (0.0246)	-0.0032** (0.0190)	-0.0032** (0.0199)	-0.0031** (0.0189)	-0.0040*** (0.0035)
法律服务三次方	0.0001* (0.0756)	0.0001* (0.0864)	0.0001* (0.0976)	0.0001** (0.0302)	0.0001** (0.0229)	0.0001* (0.0961)	0.0001* (0.0864)	0.0001* (0.0864)	0.0001* (0.0914)	0.0001** (0.0401)
研发投入	0.1017*** (0.0000)	0.1014*** (0.0000)				0.0818*** (0.0000)	0.0811*** (0.0000)	0.0809*** (0.0000)		
生产率	0.1443*** (0.0000)	0.1452*** (0.0000)	0.1385*** (0.0000)			0.1307*** (0.0000)	0.1205*** (0.0000)	0.1203*** (0.0000)		
法律服务与生产率的交互项	0.0043** (0.0167)	0.0042** (0.0173)	0.0052*** (0.0048)				0.0048*** (0.0097)	0.0048*** (0.0095)		
电信成本	0.0892*** (0.0000)	0.0727*** (0.0001)	-0.1884*** (0.0000)	-0.1875*** (0.0000)	-0.1591*** (0.0000)	-0.1499*** (0.0000)	-0.1481*** (0.0000)	-0.1494*** (0.0000)	0.6941*** (0.0000)	-0.1714*** (0.0000)
工人技术水平和教育状况		0.0318*** (0.0076)	-0.0579*** (0.0000)	-0.0762*** (0.0000)	-0.0668*** (0.0000)	-0.0449*** (0.0005)	-0.0332** (0.0111)	-0.0346*** (0.0085)	-0.0453*** (0.0005)	-0.0325** (0.0145)

续表

出口选择	(1)	(2)	(3)	(4)	(5)	(6)	(7)	(8)	(9)	(10)
关税			0.7073*** (0.0000)	0.7485*** (0.0000)	0.7610*** (0.0000)	0.7014*** (0.0000)	0.7099*** (0.0000)	0.7080*** (0.0000)	0.6942*** (0.0000)	0.6571*** (0.0000)
交通状况					−0.0525*** (0.0001)	−0.0637*** (0.0000)	−0.0572*** (0.0000)	−0.0582*** (0.0000)		
企业年龄						0.0002 (0.4353)				
融资难易程度							−0.0469*** (0.0003)	−0.0537*** (0.0000)	−0.0341*** (0.0011)	−0.0066 (0.5370)
融资成本								0.0137 (0.3607)		
区位哑变量	no	no	no	no	no	no	no	no	yes	yes
所有权哑变量	no	no	no	no	no	no	no	no	no	yes
截距	−0.6235*** (0.0000)	−0.6603*** (0.0000)	−0.6582*** (0.0000)	−0.3649*** (0.0000)	−0.3454*** (0.0000)	−0.6497*** (0.0000)	−0.5858*** (0.0000)	−0.5868*** (0.0000)	−0.6585*** (0.0000)	−1.3889*** (0.0000)
样本数	12389	12389	12389	12400	12400	12389	12389	12389	12400	12400

说明：括号中为 p 统计量。***、**、* 分别表示在 0.1%、1% 和 5% 的统计水平上显著。

从表4-2中可发现法律服务、法律服务的二次方和法律服务的三次方都在5%的统计水平上对企业出口选择的显著影响，且分别为正值、负值和正值。也就是说，我国法律服务对企业的出口选择首先起到积极影响，达到第一个临界值后，随着法律服务数量的不断增加，法律服务对企业的出口选择起到明显的负面影响，直至达到第二个临界点，之后法律服务对企业的出口选择起到明显的促进作用。我国法律服务对企业的出口选择的影响轨迹是正面—负面—正面。这一结论与我们的一般认识不太一致，即法律服务对企业出口选择的影响表现为单调递增。

出现这种结果的可能解释是，改革开放后，《中华人民共和国律师暂行条例》《司法部关于深化律师工作的改革方案》等文件的出台实施，标志着我国法律服务业正式迈入上升发展通道，尤其是1996年颁布的《中华人民共和国律师法》，为我国律师服务业的健康发展提供了强大动力和重要保障。目前，我国法律服务业取得了显著的进展，全方位、多层次、宽领域的法律服务体系已经基本形成，专业化、规模化、规范化、国际化水平不断提高。法律服务业的健康快速发展为我国制造业企业出口选择提供了更多的支持。谢泼德（2012）赞同本书的结论。他利用119个发展中国家的微观企业数据进行实证分析，结果显示，服务行业的生产率与制造业的生产率保持明确的正向联系，即前者增加10%，后者平均增加0.6%，而且这种联系随着服务要素投入强度的增加而增强。乔治（George）（2011）、伊冯·沃尔夫迈尔（Yvonne Wolfmayr）（2012）利用微观企业数据也验证了本书的结论。

不过，由于我国法律服务人员总量不多，涉外能力不强，发展层次有限，区域差异明显，服务品牌缺乏，秩序不够规范，竞争能力较弱。截止到2012年年底，有30多家中国律师事务所在20个国家和地区开设了228个驻华代表机构，54个分支机构。不过，在我国近9成的企业境外投资与并购活动中，境外律师事务所大多掌握着知识产权策划、并购模式设计、投资策略设计、合同细节谈判、交易进度制定、合同文本起草等核心环节，处于全球律师服务行业价值链高端。因此，我国律师服务对企业出口选择的促进作用达到某一临界值后，随着法律服务数量的不断增加，法律服务对企业的出口选择起到明显的负面影响。阿诺德、玛图（Mattoo）和纳西索（Narciso）(2008)利用十个阿拉伯国家的企业微观数据证明了增强服务质量有利于下游企业生产率的提高。近些年，我国不断出台各项法律条文、规章制度，努力拓展服务领域，改进服务方式，创新服务载体，完善法律服务体系，增强法律服务质量，提高企业生产率。以《律师事务所从事商标代理业务管理办法》为例，该管理办法于2013年1月1日正式实施，有利于增强企业自主创新动力和意识，形成更多具有自主产权的商标，提高企业在国际市场上的抗风险能力。同时，我国法律服务业对外开放与合作进一步扩大和深化，必将通过技术溢出效应、服务外包效应、空间集聚效应和资源再配置效应等促使企业生产率提高。企业为了规避贸易壁垒、获取战略资源、重塑市场格局等，纷纷走出国门，走向世界市场，开展国际化经营，获取国际化投资收益。所以，我国律师服务对企业出口选择的消极影响达到某一临界之后，随着法律服务的数量不断增加，法律服务对企业出口选择将起到明显的正面影响。

法律服务与企业生产率的交互项为正值，每次回归中均在1%的水平上保持显著，说明法律服务对企业出口选择的影响随着企业生产率的不同而不同，且生产率较高的企业受法律服务对企业出口选择的影响比生产率较低的企业所受的影响大一些。这一结论与我们的预期保持一致。一般来说，生产率对企业对外直接投资的动机和投资额都有显著的正向影响，越有可能进行国际化经营，受到国际化风险的可能性越高，对法律服务的需求越强烈。根据梅里兹（2003）的结论，生产率较低的企业由于无法承担参与国际化的固定成本，只能在国内生产销售，所以，相对来说，对法律服务的需求不如前者迫切和强烈。

二、法律服务对企业出口概率的影响

我们估计了法律服务对企业出口概率的影响，具体结果见表4-3。首先，第一列是我们控制了区位、所有权所得到的法律服务对企业出口概率的影响结果，回归结果显示，法律服务、法律服务的二次方和法律服务的三次方都在5%的统计水平上对企业出口选择的显著影响，且分别为正值、负值和正值，且都在0.1%的水平上显著，说明法律服务对企业出口概率的影响先表现为"倒U形+U形"。我们依次加入了研发投入、生产率、法律服务与生产率的交互项、电信成本、工人技术水平和教育状况、关税、交通状况、企业年龄、融资难易程度、融资成本等因素之后，这一结果依然没有发生变化，这与法律服务对企业出口选的影响保持一致。

法律服务与生产率的交互项为正值，但并不显著。这一结论与法律服务对企业出口选择的影响并不一致。企业出口概率即企业海外销售额占总销售额的比例。近来一些学者尝试解释一部分企业进入国际市场后很快有退出到国内市场的现象。例如，伯纳德和詹森（Jensen）（2004）发现，大约有5%的企业退回到国内市场后再也没有进入国际市场。伊拉扎巴尔和奥普罗莫拉（Opromolla）（2006）发现，从1990年至1996年间平均每年有16%的中国制造业企业从国际市场退回国内。伊顿（Eation）等（2007）发现，大约每年进入国际市场的出口企业中有三分之二很快退回国内。贝德塞斯（Besedes）和普鲁士（Prusa）（2006）和尼奇（Nitsch）（2007）也发现这些现象。所以，相对于出口选择，出口概率更能说明法律对企业出口行为的影响。法律服务对出口概率的影响表现为"倒U形+U形"，一个可能的解释是，在第一个阶段，随着我国法律服务业迈出发展步伐，法律服务帮助企业进行知识产权策划、并购模式设计等，有效地降低了固定成本，促使企业提高生产率，尽可能超过国际化经营的"阈值"。在这一阶段，法律服务较好地促进了企业出口，企业出口概率随之较高。在第二阶段，随着国际市场竞争日趋激烈，熟悉国际游戏规则的国际化复合型法律人才储备不够，国内法律服务自身存在的不足和缺陷越来越明显，这些问题严重影响了法律服务对企业出口的要素投入效应。因此，在这一阶段，企业出口概率随着法律服务数量的增加而减少。第三阶段，随着国家层面不断加大对高端律师的重视和执业环境的改善，法律服务对企业出口的要素投入效应越来越明显。因此，在这一阶段，随着法律服务数量和质量的不断提高，企业出口概率也随之增加。

表4-3 法律服务对企业出口概率的影响

出口选择	(1)	(2)	(3)	(4)	(5)	(6)	(7)	(8)	(9)	(10)
法律服务	0.0216*** (0.0000)	0.0207*** (0.0000)	0.0210*** (0.0000)	0.0217*** (0.0000)	0.0232*** (0.0000)	0.0216*** (0.0000)	0.0206*** (0.0000)	0.0202*** (0.0000)	0.0204*** (0.0000)	0.0213*** (0.0010)
法律服务平方	-0.0015*** (0.0000)	-0.0048*** (0.0000)	-0.0015*** (0.0000)	-0.0015*** (0.0000)	-0.0016*** (0.0000)	-0.0015*** (0.0000)	-0.0015*** (0.0000)	-0.0014*** (0.0000)	-0.0014*** (0.0000)	-0.0014*** (0.0010)
法律服务三次方	0.0196*** (0.0000)	0.0188*** (0.0000)	0.0190*** (0.0000)	0.0193*** (0.0000)	0.0203*** (0.0000)	0.0192*** (0.0000)	0.0187*** (0.0000)	0.0182*** (0.0000)	0.0180*** (0.0000)	0.0183*** (0.0010)
研发投入		0.0003 (0.4099)								-0.0002 (0.7085)
生产率		-0.0144*** (0.0000)	-0.0144*** (0.0000)	-0.0142*** (0.0000)	-0.0176*** (0.0000)	-0.0173*** (0.0000)	-0.0176*** (0.0000)	-0.0182*** (0.0000)	-0.0180*** (0.0000)	-0.0184*** (0.0010)
法律服务与生产率的交互项			0.01398*** (0.0004)	0.0077* (0.0653)	-0.0243*** (0.0000)	-0.0101** (0.0262)	-0.0077* (0.0937)	-0.0078* (0.0893)		0.0004 (0.2394)
电信成本									-0.0098** (0.0337)	-0.0098** (0.0336)
工人技术水平和教育状况				0.0119*** (0.0000)					0.0086*** (0.0017)	0.0085*** (0.0018)

续表

出口选择	(1)	(2)	(3)	(4)	(5)	(6)	(7)	(8)	(9)	(10)
关税					0.0864*** (0.0000)	0.0933*** (0.0000)	0.0969*** (0.0000)	0.0974*** (0.0000)	0.0957*** (0.0000)	0.0958*** (0.0010)
交通状况						-0.0233*** (0.0000)	-0.0209*** (0.0000)	-0.0205*** (0.0000)	-0.0218*** (0.0000)	-0.0218*** (0.0010)
融资难易程度								-0.0090*** (0.0007)	-0.0097*** (0.0003)	-0.0079*** (0.0105)
融资成本							-0.0132*** (0.0000)	-0.0068** (0.0268)	-0.0079*** (0.0000)	-0.0097*** (0.0003)
区位哑变量	0.1551*** (0.0000)	0.1632*** (0.0000)	0.1635*** (0.0000)	0.1637*** (0.0000)	0.1401*** (0.0000)	0.1437*** (0.0000)	0.1417*** (0.0000)	0.1402*** (0.0000)	0.1401*** (0.0104)	0.1401*** (0.0010)
所有权哑变量	0.0504*** (0.0000)	0.0434*** (0.0000)	0.0432*** (0.0000)	0.0434*** (0.0000)	0.0401*** (0.0000)	0.0399*** (0.0000)	0.0395*** (0.0000)	0.0390*** (0.0000)	0.0392*** (0.0000)	0.0392*** (0.0010)
截距	-0.0764*** (0.0000)	-0.0615*** (0.0000)	-0.0654*** (0.0000)	-0.0801*** (0.0000)	-0.0561*** (0.0000)	-0.0407*** (0.0000)	-0.0298*** (0.0001)	-0.0194** (0.0132)	-0.0269*** (0.0010)	-0.0257*** (0.0019)

注：括号中为 p 统计量。***、**、* 分别表示在 0.1%、1% 和 5% 的统计水平上显著。

三、稳健性分析

为了检验回归结果的稳健性，这一部分利用不同方法和不同样本对法律服务对企业出口的影响进行分析。

首先，我们采用 Logit 模型对前述计量结果进行了进一步的稳健性检验。Logit 模型是一种离散选择法模型，属于多重变量分析范畴。谢里夫、扎哈林和索菲亚（2009）比较了 Probit 模型和 Logit 模型在回归分析过程中的异同。他们认为，如果常态优势不确定时，Logit 计量回归分析可能更加稳健。Logit 计量回归分析结果如表 4-4 所示。正如采用 Probit 模型回归一样，表 4-4 第一列是控制了法律服务、法律服务平方、法律服务三次方、研发投入、生产率所得到的回归结果，在之后的九列中，我们依次加入了法律服务与生产率的交互项、电信成本工人技术水平和教育状况、关税、交通状况、企业年龄、融资难易程度、融资成本、区位变量、所有权变量等因素。从表 4-4 中可发现法律服务、法律服务的二次方和法律服务的三次方都在 5% 的统计水平上对企业出口选择的显著影响，且分别为正值、负值和正值。以上结果再次说明，我国法律服务对企业出口的影响显著地表现为"倒 U 形 +U 形"。

2004 年世界银行企业调查数据库为我们提供了我国不同地区的具体数据。对于不同地区企业，我们分别使用二元选择模型和最小二乘法对法律服务对企业出口行为的影响进行稳健性分析，结果发现，前者对后者的影响随着地区的不同而不同。

我们分别选择我国东、中、西部地区微观企业数据，采用 Probit 模型和最小二乘法，进行我国法律服务影响企业出口的实证分析。结果显示，对于东部地区来说，法律服务显著地影响着企业出口选择和出口概率。对于中部地区和西部地区来说，法律服务并没有显著地影响企业出口行为。这一结果符合我国的实际情况。改革开放四十多年以来，尤其是进入 21 世纪，我国律师队伍不断发展壮大，业务领域不断拓展，服务能力和质量不断提升，有利于实施中国制造业企业"走出去"战略和为国际经贸领域的深度交流合作"保驾护航"。

表 4-4 法律服务对企业出口选择的影响（Logit 回归）

出口选择	(1)	(2)	(3)	(4)	(5)	(6)	(7)	(8)	(9)	(10)
法律服务	0.0211*** (0.0000)	0.0673*** (0.0005)	0.0729*** (0.0004)	0.0764*** (0.0002)	0.0861*** (0.0000)	0.0855*** (0.0000)	0.0944*** (0.0000)	0.0939*** (0.0000)	0.0927*** (0.0000)	0.1239*** (0.0000)
法律服务平方	-0.0013*** (0.0045)	-0.0043** (0.0343)	-0.0056*** (0.0070)	-0.0050** (0.0201)	-0.0057*** (0.0089)	-0.0056*** (0.0095)	-0.0062*** (0.0044)	-0.0062*** (0.0046)	-0.0051** (0.0148)	-0.0073*** (0.0008)
法律服务三次方	0.0001** (0.0343)	0.0001 (0.1048)	0.0001** (0.0461)	0.0001* (0.0905)	0.0001* (0.0570)	0.0001* (0.0590)	0.0001** (0.0369)	0.0001** (0.0378)	0.0001* (0.0940)	0.0001** (0.0164)
研发投入	0.0066*** (0.0000)	0.5605*** (0.0000)								
生产率	0.0620*** (0.0000)		0.2692*** (0.0000)	0.2399*** (0.0000)	0.2416*** (0.0000)	0.2420*** (0.0000)	0.2335*** (0.0000)	0.2333*** (0.0000)	0.2238*** (0.0000)	0.1871*** (0.0000)
法律服务与生产率的交互项			0.0074** (0.0112)							
电信成本		0.1433*** (0.0000)								
工人技术水平和教育状况			0.0812*** (0.0000)	-0.1392*** (0.0000)	-0.1009*** (0.0000)	-0.1012*** (0.0000)	-0.0776*** (0.0003)	-0.0796*** (0.0002)		

续表

出口选择	(1)	(2)	(3)	(4)	(5)	(6)	(7)	(8)	(9)	(10)
关税				1.1142*** (0.0000)	1.1819*** (0.0000)	1.1819*** (0.0000)	1.2002*** (0.0000)	1.1967*** (0.0000)		
交通状况					-0.1521*** (0.0000)	-0.1522*** (0.0000)	-0.1381*** (0.0000)	-0.1398*** (0.0000)		
融资难易程度							-0.0913*** (0.0000)	-0.1006*** (0.0000)		
融资成本								0.01853 (0.4572)		
区位哑变量	no	no	no	no	no	no	no	no	yes	yes
所有权哑变量	no	no	no	no	no	no	no	no	no	yes
截距	0.2704*** (0.0000)	-0.5989*** (0.0000)	-1.0778*** (0.0000)	-1.1252*** (0.0000)	-1.0688*** (0.0000)	-1.0828*** (0.0000)	-0.9808*** (0.0000)	-0.9823*** (0.0000)	-1.4010*** (0.0000)	-2.5240*** (0.0000)

注：括号中为 p 统计量。***、**、* 分别表示在 0.1%、1% 和 5% 的统计水平上显著。

不过，由于地理区位、资源禀赋和发展基础等因素的影响，我国法律服务在空间上呈现异质、集聚和不均衡等特征。具体来说，相对于中部和西部地区来说，东部地区地理位置优越、发展政策优厚、发展基础良好等，所以，法律服务发展在国内遥遥领先。以2013年为例，全国律师执业机构数量排名前6位的省份分别是广东（2065家）、北京（1782家）、山东（1372家）、江苏（1288家）、上海（1233家）、浙江（1072家），分别比2012年多119家、196家、89家、50家、74家、51家，这些省份全部位于东部。2013年，这6个省份的律师执业机构数量总和占全国42.78%。东部地区快速发展的法律服务能够在反倾销、反补贴方面给予出口企业更大帮助，因此，对于东部地区来说，法律服务不仅显著地影响着企业出口选择，而且显著地影响着企业出口概率。

近些年，随着"中部崛起"重要战略构想的提出和实施，中部地区出口总额不断增加，出口增速稳步提高，出口结构不断优化。不过，由于法律服务影响企业出口概率的创新效应、竞争效应和成本效应还没有完全显现出来，所以，对于中部地区来说，法律服务显著地影响着企业出口选择，但并没有显著地影响企业出口概率。对于西部地区来说，法律服务发展质量、发展基础和发展层次等亟待提高，所以，回归结果显示，西部地区的法律服务并没有显著地影响着企业出口选择。

第五章 电子商务与服务企业出口

随着我国进入"大智移云"(大数据、智能化、移动互联网和云计算)时代,以电子商务为代表的新型贸易中介(如B2B电商商务平台、第三方电商平台等),突破了传统贸易中介的交易媒介、信息匹配的功能,实现了降低搜寻匹配成本、减小跨境贸易障碍和资源深度开发与整合等,在当代国际贸易中发挥着核心作用,所以,研究电子商务对服务企业出口的影响具有较强的理论价值和现实意义。

第一节 电子商务是否影响服务企业出口

在理论层面,传统国际贸易理论已不能系统地阐释现今一些国际贸易实际情况。一方面,在传统贸易理论框架下,活跃其中的主体是生产企业,国内生产商直接出口国外,国内消费者直接从国外进口。事实上,生产者与最终消费者并非都能在国际市场上直接相遇,由此导致当今一些客观存在的贸易现象,如加工贸易、批发贸易、零售贸易等,在传统国际贸易理论中也不能得到很好地诠释,同时现有国际贸易理论却较少涉及电子商务。在实践层面,来自现实的国际贸易数据同样证明现有国际贸易理论与实践之间存在巨大差距。"贸易流失秘密"和"贸易边界效应"的出现说明现实中的贸易流量明显多于理论预测的流量。一方面,关税和非关税壁垒在解释为何出现如此大的差额时显得苍白无力;另一方面,因为没有得到理论支撑，电子商务也显得无能为力。因此，无论在理论层面还是在实践层面，理论界和实务界都迫切希望能从一个全新的视角来解释这些问题。

在理论价值层面，本书结合国际贸易理论与实践，提出了新的研究构想。在新新贸易理论和贸易中介理论的基础上，本书着重研究电子商务影响我国服务企业出口的内在机理与作用机制，丰富和扩展了企业国际化选择和企业内部化抉择，增强了新新贸易理论在我国的适用性。在实践应用价值层面，伴随着国际经济格局深度调整和我国增长边际约束持续强化，我国外贸发展步入了新常态，外贸高速增长业已结束，中低速增长成为常态，低成本优势逐步丧失，国际贸易摩擦剧增成为常态。本书紧密结合我国外贸进入新常态的时代背景和电子商务迅猛发展的客观实际，在理论研究的基础上提出促进我国服务业出口发展的新举措，有利于减少国际贸易摩擦，降低国际经营风险，增加出口贸易流量，提高国际贸易福利。

本书利用世界银行企业调查数据库，从微观层面分析了电子商务对我国服务企业出口的影响。利用一般计量模型的回归结果显示，电子商务分别显著地影响我国服务企业的出口选择、出口总额和出口强度。这些结论不仅没有随着其他变量的逐步加入而有所改变，而且没有随着回归方法、所选样本和出口类型等的改变而有所改变，具有很强的稳健性。本书探究了电子商务通过成本效应、协同效应和再造效应影响我国服务企业出口选择和通过竞争效应、选择效应与筛选效应影响我国服务企业出口总额的内在机理，具有一定的创新性。

本书的创新点有以下三个方面：（1）本书利用世界银行提供的微观数据库，研究了贸易中介对企业出口的影响，在很大程度上解决了宏观加总数据可能存在测量偏差和变量遗漏的问题，避免出现内生性现象。（2）本书以我国微观企业数据为样本，探讨电子商务影响我国服务企业出口的内在机理，与国内外研究成果交相辉映，一定程度上丰富了异质性企业国际贸易理论。（3）随着"互联网+"行动计划的战略部署逐步贯彻落实，电子商务在国际贸易中发挥的作用日益凸显。本书研究电子商务影响服务企业出口的内在机理，具有较强的针对性和实效性。

第二节 数据库介绍及指标选择

一、数据库介绍

数据来源是经济研究的重要组成部分,其科学性、准确性和便捷性等直接决定着经济研究的效果。伴随着国际贸易视角转向企业层面和国内外微观数据库逐渐开放,世界各国经济学者越来越倾向于从微观层面思考、分析和解决现实问题。其中,不少国内外的学者在研究中使用了中国工业企业数据库(Chinese Industrial Enterprises Database),成果发表在包括《美国经济评论》(American Economic Review)《经济学季刊》(Quarterly Journal of Economics)和经济研究等国内外权威学术期刊上,在一定程度上推进了相关学科和研究方向的深入发展。不过,它自身存在的缺陷还是非常明显的。聂辉华等(2012)认为,中国工业企业数据库存在样本匹配、指标缺失、指标异常、测度误差、样本选择、变量定义等问题。如果忽视这些问题,经济研究的结果可能不稳健,甚至可能是错误的。尽管提出了一些解决这些问题的方法与建议,不过,仍有一些问题至今没有从根本上得到解决。选择一个时间跨度大、指标数量多、数据精度高、统计误差小的有广泛代表性的权威微观企业数据库是一个明智的选择。

世界银行企业调查数据库(World Bank's Enterprise Surveys Database,WBESD)是世界银行自2002年开始在135个国家通过对130000家企业的高层管理者、企业所有者、企业总会计师、人力资源管理师等采用面对面提问(face-face interview)的形式获取到的第一手资料,涉及广泛的商业环境和企业发展。自2005开始,大多数收集到的数据集中到企业数据分析机构,进行统一的整理、分析和检测。与中国工业企业数据库相比,WBESD体现出以下特点:一是数据更加精确。WBESD将调查问卷细分为工业企业和服务业两种类型。尽管部分问题有重叠的可能，但是大部分调查问卷更加贴近访问对象的实际。例如，调查问卷中没有提问零售业企业的产量和非生产工人的数量。二是指标更加合理。WBESD 设计的标准企业调查问卷的主题包括企业特征、高层性别、进入金融领域的难易程度、每年销售额、投入成本、劳动力组成、受贿行贿、审批许可证、基础设施、犯罪状况、市场竞争程度、设备利用率、土地出让许可、税收、企业与政府联系程度、创新活动与技术、企业绩效与举措等。三是方法更加科学。WBESD 采取分层随机抽样的方法，在一个分层随机样本中，所有企业首先被分成几个相同的组别，然后在每个组内进行简单随机抽样。这种方法充分考虑到分层估计，因此，相对于整体估计来说，具有较高的精确度。

二、指标选择与说明

服务企业出口。本书利用出口选择、出口总额和出口强度三个指标衡量我国服务业企业出口行为。服务企业出口选择是指服务企业是否选择直接出口到国际市场。本书选择如下方法测算服务企业的出口选择。如果间接出口比例（d3b）与直接出口比例（d3c）之和超过50%，那么我们认为服务企业选择出口方式进入国际市场，反之，我们认为服务企业仅在国内市场销售产品或服务。服务企业出口选择是一个二元变量，即如果服务企业不出口，则该变量取值为 0，如果服务企业出口，则该变量取值为 1。服务企业出口总额是指服务企业每年选择出口方式进入国际市场所产生的贸易流量。WBESD 没有直接显示中国服务企业出口总额，而给出服务企业销售收入、核心业务、非核心业务、出口强度等财务信息。本书认为服务企业核心业务和非核心服务企业之和为服务企业销售收入，服务企业销售收入与出口强度的乘积即为服务企业出口总额。服务企业出口强度，也即服务企业出口密集度或出口概率或出口比例，是指服务企业每年的海外销售份额。相对于服务企业的出口选择或者出口总额来说，服务企业的出口强度或出口概率（成功出口）更为重要。我们认为，服务企业海外销售份额在一定程度上说明了服务企业的出口概率。如果服务企业的海外销售份额为0，说明服务企业的出口强度（出口概率）为0；如果服务企业的海外销售份额为1，说明服务企业的出口强度（出口概率）为1。

电子商务。电子商务是本书重点考察的指标。哈桑（Hassan）等（2014）从以下九个方面来检验企业通过电子商务销售产品（服务）是否影响顾客价值，即电子商务分别对实获产值、关系价值、品牌价值的影响，实获产值分别对购买意向、顾客价值的影响，关系价值分别对购买意向、顾客价值的影响，品牌价值分别对购买意向、顾客价值的影响，购买意向对顾客价值的影响。结果显示，九个方面的相关系数平均达到0.893，说明企业通过电子商务销售产品（服务）能够显著地增加顾客价值。伯纳德等（2012）认为贸易中介能够帮助出口企业较为灵活地面对系统外部冲击，原因在于贸易中介能够克服市场或产品的固定成本。阿里研究院《"互联网+"研究报告》（2015）认为，互联网与外贸的结合，催生了蓬勃兴起的跨境电子商务，推动了传统外贸商业活动各环节的网络化、数据化和透明化，具有面向全球、流通迅速和成本低廉等优势。因此，本书假设电子商务能够显著地促进我国服务企业出口。根据WBESD（2012），本书衡量电子商务的可选指标有"是否利用电子商务联系顾客或供应商（c22a）""是否利用电子商务购买原材料（c24b）""是否利用电子商务研发新产品或服务（c24d）""是否利用电子商务销售产品或服务（c24f）"等。不过，因为相对于联系顾客或供应商、购买原材料和研发新产品或服务，服务企业利用电子商务销售产品或服务更为直接地体现了中国服务企业可以借助跨国在线零售方式或者小额批发模式进入国际市场，销售渠道更为顺畅、营销模式更为多元、跨境贸易更为便捷、贸易收益更为丰厚，所以，本书选择"是否利用电子商务销售产品或服务（c24f）"来衡量电子商务。

国外要素比例。帕拉（Parra）等（2014）和卡沙拉（Kashara）和拉帕姆（Lapham）（2013）认为，企业进口国外生产要素促进了企业出口，因为企业同时进行进出口有利于将进入国际市场的固定成本内部化。库格勒（Kugler）等（2009）认为企业进口国外生产要素存在结构优化效应。哈珀

（Halpern）等（2011）认为，企业进口国外生产要素可以提高产品（或服务）质量。戈德伯格等（2010）认为，企业将国内外生产要素融入生产过程扩大了企业产品种类和范围。持这一观点的学者还有穆尔斯（Muûls）和皮苏（Pisu）（2009）（以比利时为例）、巴斯（2012）（以阿根廷为例）、阿里斯蒂（Aristei）等（2013）（以东欧和中亚为例）、罗·图尔科（Lo Turco）和马乔尼（Maggioni）（2013）（以意大利为例）等。本书选择"企业国外原材料供应比例（d12b）"衡量国外要素比例。

产品创新。部分学者认为，产品创新显著地促进了企业出口。贝克尔（Becker）和埃格（Egger）（2007）发现，产品创新，而不是过程创新，增加了企业出口的可能性。卡西曼（Cassiman）等（2010）认为，创新特别是产品创新，增加了企业出口的可能性，而且中小非出口型企业的可能性最大。贝弗伦和范登堡（Vandenbussche）（2010）发现，创新（包括产业创新和过程创新）和生产率增加了非出口型企业成为出口型企业的可能性。不过，还有部分学者持谨慎态度。达米扬（Damijan）等（2010）认为，没有任何证据显示创新与出口贸易行为选择之间有明显的关系。凯西（Cassey）（2008）产品创新对提高企业生产率没有影响而过程创新则会显著提高企业生产率。本书选择"过去3年，是否进行产品创新（CNo1）"衡量产品创新。

法律环境。良好的法律环境不仅有助于企业增强比较优势和促进出口规模，而且有利于优化外贸产业结构和提高国际竞争力。费尔伯迈尔和容格（Jung）（2008）在不完全契约背景下分析贸易中介对企业出口模式选择的影响。结果显示，由于契约的不完全性同比例地降低了可变收益，而建立分支机构所产生的固定成本不会随着收益的变化而变化，所以，产品质量较高、可变生产成本较低、产品实销性较强的企业倾向于建立分支机构进入国际市场，反之，则倾向于选择贸易中介进入国际市场。本书选择"法律对企业运行的影响（H30）"衡量法律环境。

产品质量。产品质量是企业发展的命脉，是产业兴盛的关键，是国家富强的基石。国外众多学者认为，产品质量与生产效率是企业异质性的两个重要来源，地位同等重要（Fasil, Borota, 2010; Bernard, et al., 2012;

Gervais，2013）。部分国内学者也认为，产品质量是企业异质性的另一重要来源，并基于微观企业层面测算和分析我国企业出口产品质量异质性，探究我国企业出口产品质量发展趋势及其微观基础，分析我国企业出口产品质量与出口绩效的关系及影响机制等。本书选择"企业产品质量是否通过ISO9000 或 14000 认证（B8）"衡量产品质量。

高层管理者经验。高层管理者经验有利于企业熟悉国际市场和制度环境，便于在不确定情况下做出正确决策。卢（Lu）等（2014）认为，高层管理者经验加深了企业本土多元化经营对国际多元化投资的影响。坦（Tan）和迈耶（Meyer）（2010）认为高层管理者特质及经验显著地影响企业战略决策和国际化绩效。本书选择"企业高层管理者在本行业工作年限（B7）"衡量高层管理者经验。

企业年龄。不少学者认为企业年龄显著地影响企业出口。王智新（2013）认为，企业年龄对直接出口贸易比例的影响存在显著的二次型关系，年龄较大的"老"企业和年龄较小的"新"企业均具有较低的直接出口贸易比例，年龄适中的"年轻"企业具有较高的直接出口贸易比例，而企业年龄对企业生产率的影响则不存在显著的二次型关系。本书选择"企业年龄 =2014- 开业年份"衡量企业年龄。

地区哑变量。如果样本处于东部，该变量为 1，反之，该变量为 0。

产业哑变量。如果样本是服务企业，该变量为 1，反之，该变量为 0。

第三节　电子商务影响服务企业出口的回归结果分析

一、电子商务对服务企业出口选择的影响

表 5-1 给出了用 Probit 方法估计电子商务对中国服务企业出口选择的影响结果。如表 5-1 所示，本书首先控制了国外要素比例、产品质量等变量，

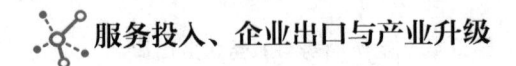

得到了电子商务对我国服务企业出口选择的影响,在之后的5列中,本书依次加入了高层管理者经验、企业年龄和地区哑变量等因素,回归结果保持较高的稳健性。

表5-1 电子商务对服务企业出口选择的影响(Probit)

出口选择	(1)	(2)	(3)	(4)	(5)	(6)
常数	-3.7821*** (0.0000)	-1.9979*** (0.0000)	-2.1533*** (0.0000)	-2.6464*** (0.0000)	-2.8104*** (0.0000)	-2.8127*** (0.0000)
电子商务	0.9573*** (0.0081)	0.4172*** (0.0071)	0.3526** (0.0263)	0.3865** (0.0161)	0.3907** (0.0154)	0.3880** (0.0158)
国外要素比例		-0.4546 (0.6024)				
产品质量			0.3426*** (0.0263)	0.3309** (0.0340)	0.3215*** (0.0402)	0.2869* (0.0723)
高层管理者经验					0.0103 (0.2934)	
企业年龄						0.0120 (0.1564)
地区哑变量	no	no	no	yes	yes	yes
回归系数	0.0392	0.0391	0.0392	0.0392	0.0392	0.0392

注:括号中为p统计量。***、**、*分别表示在0.1%、1%和5%的统计水平上显著。

从表5-1中可以发现,电子商务对我国服务企业出口选择的影响均在1%的水平上显著不为0,而且方向始终保持正向不变,说明电子商务显著地促进了我国服务企业出口选择,这与我们的预期保持一致。我们认为,电子商务影响我国服务企业出口选择的内在机理有以下几个方面:第一,产生成本效应。在互联网、大数据、云计算以及智能终端、App软件等基础设施逐步完备与快速渗透下,电子商务具有的交易媒介、信息匹配、价值再造等功能很大程度上消除了信息不对称现象,降低了搜寻匹配成本与出口成本等成本。本书的结论与卡里姆(Kareem)等(2014)保持一致。卡里姆等(2014)发现,电子商务程度提高1%,企业生产成本将降低0.348%。

第二，产生协同效应。互联网具有跨区域、无分割、交互式等特征。电子商务借助于互联网平台，促进服务企业实现各种生产要素完全自由流动和海量供求信息实时高效匹配。通过协同效应，不同类型的生产要素和供求信息在不同地区、不同行业和不同企业之间及电子商务与实体产业之间充分接触、逐步渗透、相互融合，有利于服务企业技术边界扩展和产品质量提高。第三，产生再造效应。传统 B2C 模式下，服务企业大多数产品趋向同质化、规模化、大众化，基本形式是大众化需求、大规模生产、大品牌营销，所以经常出现畅销的服务产品因缺货而没能持续出口，同时大量滞销的服务产品只能停留在仓库的场景。基于电子商务的服务企业生产呈现流程再造现象。具体来说，在电子商务背景下，服务企业生产不再遵循研发—原材料采购—零部件生产—产品生产（组装）—分销（批发）—售后服务的传统流程，而是呈现生产流程再造现象，具体来说，整个服务企业生产流程逆向倒逼，即在电子商务作用下，企业产品或服务生产从以生产者为主转向以消费者为主，与消费者紧密相关的分销（批发）、售后服务环节首先互联网化，接着延伸产品生产、零部件生产、原材料采购环节，最后蔓延至研发环节。服务产品流程再造和逆向倒逼，丰富了服务企业产品（或服务）内涵，提高了服务企业选择出口模式进入国际市场的可能性。克拉克（Clarke）和瓦尔斯滕（Wallsten）（2004）证实了这一点。他们选取美国统计局商品贸易数据库中 27 个高收入国家和 65 个发展中国家的贸易数据研究了互联网的广泛使用是否提高企业进入国际市场的可能性，结果显示，互联网的使用降低了企业交易成本，显著地促进了发展中国家的企业进入高收入国家国内市场。

二、电子商务对服务企业出口总额的影响

表 5-2 给出了用 Probit 方法估计电子商务对中国服务企业出口总额的影响结果。如表 5-2 所示，本书首先控制了国外要素比例、产品质量等变量，得到了电子商务对我国服务企业出口总额的影响，在之后的 5 列中，本书

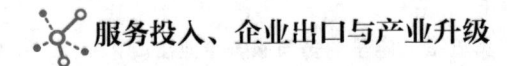

依次加入了高层管理者经验、国外要素比例、企业年龄和地区哑变量等因素，回归结果仍然保持较高的稳健性。

表 5-2　电子商务对服务企业出口总额的影响

出口总额	（1）	（2）	（3）	（4）	（5）	（6）
常数	−3074.679*** (0.0000)	−3599.831*** (0.0000)	−2690.339*** (0.0000)	−3201.389*** (0.0000)	−3176.966*** (0.0000)	−5590.877*** (0.0084)
电子商务	470.4211* (0.0866)	510.0880* (0.0637)	470.2505* (0.0862)	507.0127* (0.0650)	510.5295* (0.0635)	552.6081** (0.0482)
企业年龄	216.9448*** (0.0000)	219.1734*** (0.0000)	232.4418*** (0.0000)	233.5188*** (0.0000)	233.9005*** (0.0000)	238.8069*** (0.0000)
高层管理者经验			−40.3065* (0.0507)	−37.7373** (0.0678)	−38.3722* (0.0639)	−39.8760* (0.0547)
国外要素比例					−479.3422 (0.7066)	−519.1035 (0.6836)
产品质量						−196.8189 (0.4551)
地区哑变量	no	yes	no	yes	yes	yes
回归系数	0.1159	0.1188	0.1193	0.1218	0.1221	0.1239

注：括号中为 p 统计量。***、**、* 分别表示在 0.1%、1% 和 5% 的统计水平上显著。

从表 5-2 中可以发现，电子商务对我国服务企业出口总额的影响均在 5% 的水平上显著不为 0，而且方向始终保持正向不变，说明电子商务显著地促进了我国服务企业出口总额，这与我们的预期保持一致。我们认为，电子商务影响我国服务企业出口总额的内在机理有以下几个方面：第一，产生竞争效应。阿克曼（2010）认为，贸易中介专业化帮助潜在出口企业实现规模经济和范围经济，降低固定出口成本，促使企业生产率超过固定阈值。安等（2011）提供了企业借助于贸易中介实现出口的一种机制。他们认为，那些生产率没达到阈值的企业可以借助贸易中介建立的海外销售网络、社会关系网络和人脉资源关系实现企业国际化。服务企业借助于电子商务专属商业平台，加速了传统服务产业升级和转型，降低了企业出口成本，扩大了产品国际市场范围和规模，而没有选择电子商务的服务企业市场辐射范围逐步萎缩，产品市场份额逐渐减少。第二，产生选择效应。基于电子商务的服务企业借助于互联网、大数据、云计算和智能终端等基础设施，加速数据在各个行业部门间实时传递、自动渗透和迅速反馈，大规模社会化协同效应显现，显著降低服务企业生产成本和交易成本。威尔孙（Wilson）等（2005）发现，电子商务促进了出口贸易总额增长10%，而对于贸易增量的贡献度高达40.8%。据商务部统计，2012年我国跨境电子商务交易额占外贸总额的9.6%，预计2016年将达到19.0%。第三，产生筛选效应。电子商务促使服务企业销售模式与生产方式的蜕变，柔性化生产加速。互联网降低了产销信息不对称，实现生产与销售无缝对接，消费者的个性需求与生产者的柔性管理交相呼应。通过筛选，相比较传统服务企业，部分思路更先进、行动更迅速、柔性更灵活、管理更科学的国内服务企业，借助电子商务的中介作用，加速生产系统与市场需求的紧密连接，适应供应链柔性化延伸和消费者个性化需求，生产成本更低，生产效率更高，更有可能选择出口模式进入国际市场，获取更高的国际化收益。何等（2011）证实了电子商务筛选效应的存在。他们基于冰山成本假设，将电子商务引入国际贸易理论模型中，假设商务成本随着电子商务的逐步普及而不断降低，结果发现，选择电子商务的企业进出口价格更低，企业出口总额更高，国际化投资收益利润更丰厚。

三、电子商务对服务企业出口强度的影响

表5-3给出了用Probit方法估计电子商务对中国服务企业出口选择的影响结果。如表5-3所示，本书首先控制了国外要素比例、产品质量等变量，得到了电子商务对我国服务企业出口选择的影响，在之后的5列中，本书依次加入了高层管理者经验、国外要素比例、企业年龄和地区哑变量

等因素，电子商务对服务企业出口强度的影响均在0.1%的水平上显著为正，且保持较强的稳健性。这与我们的预期保持一致。卡拉季奇和格雷戈里（2005）的研究结果支持本书的结论。他们认为，电子商务使用程度越高，出口市场营销策略、出口经验与国际化风险承担能力与企业出口绩效之间的关系越紧密，企业成功出口的可能性就越高。格雷戈里等（2007）认为，可能的原因是内外部电子商务协同发展提高了企业出口强度，具体来说，内部电子商务提高了信息流通与匹配效应，缩短产品生命周期，而外部电子商务优化了市场环境与企业国际化营销策略之间的关系。

表5-3　电子商务对服务企业出口强度的影响

出口选择	（1）	（2）	（3）	（4）	（5）	（6）
常数	0.0163* (0.0853)	−0.0074 (0.6226)	−0.0514*** (0.0084)	−0.0512*** (0.0091)	−0.1280* (0.0632)	−0.1348 (0.1475)
电子商务	0.0442*** (0.0003)	0.0451*** (0.0002)	0.0492*** (0.0001)	0.0492*** (0.0001)	0.0497*** (0.0001)	0.0497*** (0.0001)
产品质量	0.0331*** (0.0038)	0.0294** (0.0111)	0.0253** (0.0284)	0.0253** (0.0286)	0.0252** (0.0291)	0.0254** (0.0283)
企业年龄		0.0017** (0.0427)	0.0020** (0.0210)	0.0020** (0.0211)	0.0021** (0.0169)	0.0020** (0.0362)
国外要素比例				−0.0035 (0.9500)	−0.0051 (0.9267)	−0.0043 (0.9383)
法律环境					0.0382 (0.2447)	0.0400 (0.3736)
产品创新						0.0097 (0.9406)
高层管理者经验						0.0003 (0.7702)
地区哑变量	no	yes	yes	yes	yes	yes
回归系数	0.0251	0.0291	0.0412	0.0412	0.0426	0.0426

注：括号中为p统计量。***、**、*分别表示在0.1%、1%和5%的统计水平上显著。

另外，我们发现，产品质量、企业年龄对服务企业出口强度的影响分别在1%的水平上显著为正，且随着变量的逐步加入没有改变，保持着较强的稳健性。同时，国外要素比例、法律环境、产品创新、高层管理者经验对服务企业出口强度的影响并不显著，这一结论与我们的预期并不一致。另外，我们看到，随着地区哑变量的加入，模型的拟合优度不断提高，解释现实的能力持续增强，说明东部地区电子商务对服务企业出口强度的影响比中西部地区更为显著。这一结论与我们的预期保持一致。东部地区具有的地缘、资源和亲缘等优势促使电子商务迅猛发展。阿里研究院发布的《中国淘宝村研究报告》（2014）显示，以农村电子商务为例，2014年我国淘宝村数量增至211个，东部地区占79.62%，其中浙江62个，广东54个，福建28个，江苏24个。电子商务服务机制逐步完善和中介服务效能不断增强，减缓中介出口与直接出口的两难困境，有效地提高了服务企业出口强度。

第四节　稳健性检验

为了检验前文电子商务对服务企业出口实证分析结果的稳健性，本书利用世界银行企业调查数据库提供的数据，从样本、方法等方面进行稳健性检验。

一、不同服务企业的回归结果

这一部分我们选择我国不同服务企业进行回归分析。一方面，我们将WBESD（2012）涉及的中国服务业出口企业细分为直接出口企业和间接出口企业，并分别进行电子商务对服务企业出口的回归分析，结果如表5-4所示。结果显示，电子商务分别在1%和0.1%的水平上显著地影响服务企业直接出口总额和间接出口总额，表明电子商务更加显著地促进了我国服务企业选择间接出口进入国际市场。茹玉骢、李燕（2014）部分研究结果支持本书结论。该文认为，电子商务促进更多企业选择间接出口，提高企业间接出口的比例，但对企业出口方式的选择是不确定的。我们认为，可能的原因是后者选择企业销售额来自互联网的比例来衡量电子商务使用程度和以世界银行 2012 年关于中国出口企业中 551 家制造业生产商为研究对象。另一方面，我们选择 WBESD（2003）涉及的中国服务企业为样本进行电子商务影响服务企业出口选择的回归分析，结果如表 5-5 所示。本书首先控制了企业年龄、产品质量等变量，得到了电子商务对我国服务企业出口选择的影响，在之后的 5 列中，本书依次加入了引进新的产品流程、更新旧的产品流程、技术创新等因素，电子商务均在 0.1% 的水平上显著影响我国服务企业出口选择，方向为正，且保持较强的稳健性。这与我们的预期保持一致，与奥尔森等（2013）保持一致。后者认为，随着信息技术发展，电子商务在商务活动中资源整合、信息匹配与降低不确定性等功能日益凸显，减少了国际贸易中间环节和摩擦成本。

表 5-4　电子商务对不同服务企业出口总额的影响

出口总额	直接出口总额			间接出口总额		
	（1）	（2）	（3）	（4）	（5）	（6）
常数	103.1690*** (0.0000)	−457.5215*** (0.0000)	−402.7626*** (0.0000)	188.3563*** (0.0000)	−441.8032*** (0.0000)	−553.8376*** (0.0000)
电子商务	349.7772*** (0.0000)	368.8368** (0.0302)	414.0700** (0.0401)	220.0332*** (0.0000)	245.1447** (0.0204)	299.2852** (0.0301)
国外要素比例		−581.5808 (0.1207)	−603.0513 (0.1300)		−381.7694 (0.1502)	−388.2969 (0.1602)
企业年龄			4.7588** (0.0210)			9.1609*** (0.0000)
产品质量			−239.4847 (0.0120)			−277.0198* (0.0801)
地区哑变量	no	yes	yes	no	yes	yes

续表

出口总额	直接出口总额			间接出口总额		
	（1）	（2）	（3）	（4）	（5）	（6）
回归系数	0.1402	0.1367	0.1421	0.1321	0.1350	0.1346

注：括号中为 p 统计量。***、**、* 分别表示在 0.1%、1% 和 5% 的统计水平上显著。

表5-5　电子商务对服务企业出口选择的影响

出口选择	（1）	（2）	（3）	（4）	（5）	（6）
常数	−2.8725*** (0.0000)	−2.8219*** (0.0000)	−2.8329*** (0.0000)	−2.8825*** (0.0000)	−2.9543*** (0.0000)	−3.0067*** (0.0000)
电子商务	0.7276*** (0.0000)	0.7349*** (0.0012)	0.7400*** (0.0018)	0.6862*** (0.0000)	0.6796*** (0.0001)	0.7257*** (0.0000)
企业年龄		−0.0021** (0.0146)	−0.0015*** (0.0010)	−0.0013*** (0.0002)	−0.0016*** (0.0001)	−0.0014*** (0.0020)
产品质量			0.0456** (0.0251)	0.0529** (0.0103)	0.0472*** (0.0010)	0.0382*** (0.0001)
引进新的产品流程				0.3178** (0.0170)		0.2158** (0.0120)
更新旧的产品流程					0.3700 (0.3419)	
技术创新						0.5931*** (0.0000)
样本数	669	648	632	619	585	512
回归系数	0.2107	0.2210	0.2206	0.2247	0.2170	0.2306

注：括号中为 p 统计量。***、**、* 分别表示在 0.1%、1% 和 5% 的统计水平上显著。

二、不同方法的回归结果

我们采用 Logit 模型对前述计量结果进行了进一步的稳健性检验。Logit

模型是一种离散选择法模型，属于多重变量分析范畴。谢里夫等（2009）比较了 Probit 模型和 Logit 模型在回归分析过程中的异同。他们认为，当常态优势不确定时，Logit 计量回归分析可能更加稳健。我们接受谢里夫等（2009）的建议，利用 Logit 模型进行回归分析，结果见表 5-6。正如表 5-6 所示，电子商务对服务企业出口选择的影响均在 1% 的水平上显著为正，说明电子商务显著地促进了服务企业出口选择，与前文结论保持一致。另外，我们依次加入了国外要素比例、产品质量、高层管理者经验、企业年龄等变量，电子商务对我国服务企业出口选择的影响依然显著为正，显示较强的稳健性。另外，表 5-6 还显示，产品质量在 5% 的水平上显著正向影响我国服务企业出口选择。这个结论与霍洛韦（Holloway）（2014）和黄（Whang）（2014）保持一致。霍洛韦（2014）以电影企业为例，发现服务企业产品（或服务）质量每增加一个标准差可以提高企业出口可能性 25%—50%。黄（2014）发现，质量更高的产品（或服务）可以销售到更远的国际市场。

表 5-6　电子商务对服务企业出口选择的影响（Logit）

出口选择	（1）	（2）	（3）	（4）	（5）	（6）
常数	−3.7821*** (0.0000)	−3.7589*** (0.0000)	−4.1309*** (0.0000)	−5.2577*** (0.0000)	−5.6366*** (0.0000)	−5.6258*** (0.0000)
电子商务	0.9531*** (0.0084)	0.9543*** (0.0083)	0.8084** (0.0278)	0.8942** (0.0152)	0.9042** (0.0144)	0.9145** (0.0144)
国外要素比例		−1.0414 (0.6000)				
产品质量			0.7881** (0.0249)	0.7258*** (0.0390)	0.6916** (0.0500)	0.6230* (0.0834)
高层管理者经验					0.0231 (0.2703)	
企业年龄						0.0264* (0.0954)
地区哑变量	no	no	no	yes	yes	yes
样本数	996	996	996	996	996	996
回归系数	0.0392	0.0392	0.0392	0.0392	0.0392	0.0392

注：括号中为 p 统计量。***、**、* 分别表示在 0.1%、1% 和 5% 的统计水平上显著。

三、总体企业样本的回归结果

这一部分我们选择 2004 年世界银行企业调查数据库涉及中国企业的样本。我们依次进行电子商务影响企业出口总额和出口强度的计量回归分析。同时，为了保持研究的持续性，我们同时利用 Probit 模型和 Logit 模型进行电子商务影响服务企业出口选择的计量回归分析，结果如表 5-7、表 5-8、表 5-9 和表 5-10 所示。从表 5-7 和表 5-8 中看到，电子商务在 0.1% 的水平上显著正向地影响我国企业出口选择。我们依次加入国外要素比例、高层管理者经验、法律环境、产品创新、企业年龄、产品质量、地区哑变量、产业哑变量等变量，电子商务对我国企业出口选择的影响并没有发生变化，显示较强的稳健性。泰尔齐（Terzi）（2011）解释了企业通过电子商务促进企业参与出口的内在机理，一方面企业提高互联网使用比例，降低了控制远程产品交易（或服务交易）的风险，优化企业供应链管理效率，另一方面大幅降低信息流成本，增加交易双方匹配成功的概率，扩大企业产品（或服务）潜在市场需求。埃里克·奥弗比（Eric Overby）和克里斯·福尔曼（Chris Forman）（2011）调查了 2003 年至 2008 年 200 万个汽车交易后发现，利用电子商务汽车交易市场份额增加了 20%，原因是当通过电子商务渠道而不再是传统购买渠道时，购买者对价格更加敏感而对地理距离不再敏感，可能出现消费者从价格较低的偏远地区而不是价格较高的附近地区购买产品（或服务）的现象。

表 5-7 电子商务影响我国企业出口选择的回归结果（Probit）

出口选择	（1）	（2）	（3）	（4）	（5）	（6）
常数	-1.4252*** (0.0000)	-2.2293*** (0.0000)	-2.0693*** (0.0000)	-1.5128*** (0.0000)	-1.9949*** (0.0000)	-1.9167*** (0.0000)
电子商务	0.2341*** (0.0006)	0.2352*** (0.0011)	0.2373*** (0.0010)	0.1920*** (0.0068)	0.2427*** (0.0008)	0.2361*** (0.0012)
国外要素比例		2.6334*** (0.0000)	2.5606*** (0.0000)	2.6495*** (0.0000)	2.5388*** (0.0000)	2.4001*** (0.0001)

续表

出口选择	（1）	（2）	（3）	（4）	（5）	（6）
高层管理者经验		0.0103** （0.0208）	0.0096** （0.0329）	0.0094** （0.0364）	0.0121** （0.0108）	0.0105* （0.0295）
法律环境			−0.1236*** （0.0010）	−0.1114*** （0.0098）	−0.1241*** （0.0010）	−0.0618 （0.1926）
产品创新				0.0112 0.9099）		−0.0169 （0.8656）
企业年龄					−0.0080 （0.1148）	−0.0074 （0.1433）
产品质量						−0.0494 （0.2959）
地区哑变量	no	yes	yes	no	yes	yes
产业哑变量	no	no	no	no	no	yes
回归系数	0.0990	0.0991	0.0991	0.0990	0.0991	0.0991

注：括号中为 p 统计量。***、**、* 分别表示在 0.1%、1% 和 5% 的统计水平上显著。

表 5-8　2004 年电子商务对我国企业出口选择的影响（Logit）

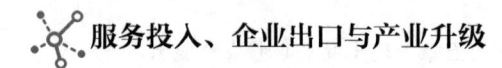

出口选择	（1）	（2）	（3）	（4）	（5）	（6）
常数	−2.4831*** （0.0000）	−4.0971*** （0.0000）	−3.7886*** （0.0000）	−2.6267*** （0.0000）	−3.6232*** （0.0000）	−3.4283*** （0.0000）
电子商务	0.4601*** （0.0006）	0.4557*** （0.0013）	0.4543*** （0.0014）	0.3656*** （0.0094）	0.4649*** （0.0011）	0.4434*** （0.0019）
国外要素比例		4.5291*** （0.0000）	4.4235*** （0.0000）	4.6082*** （0.0000）	4.3951*** （0.0000）	4.1023*** （0.0000）
高层管理者经验		0.0198** （0.0181）	0.0185** （0.0286）	0.0177*** （0.0400）	0.02387*** （0.0079）	0.0210** 0.0206
法律环境			−0.2300*** （0.0015）	−0.2152** （0.0108）	−0.2320*** （0.0014）	−0.1131 0.2129
产品创新				0.0019 0.9921）		−0.0567 0.7673
企业年龄					−0.0175* （0.0000）	−0.0174* 0.0983

续表

出口选择	（1）	（2）	（3）	（4）	（5）	（6）
产品质量						−0.1029 0.2219）
地区哑变量	no	yes	yes	no	yes	yes
产业哑变量	no	no	no	no	no	yes
回归系数	0.0945	0.0949	0.0963	0.0971	0.0981	0.0991

注：括号中为 p 统计量。***、**、* 分别表示在 0.1%、1% 和 5% 的统计水平上显著。

表 5-9 2004 年电子商务对我国企业出口总额的影响

出口选择	（1）	（2）	（3）	（4）	（5）	（6）
常数	−267.9282（0.1221）	−76.8742（0.5012）	−216.7487（0.3391）	−827.6358***（0.0003）	−606.3445***（0.0009）	−984.4956***（0.0001）
电子商务	420.0879***（0.0022）	368.7661***（0.0071）	419.2401***（0.0022）	403.5547***（0.0032）	351.4793***（0.0102）	378.4495***（0.0059）
国外要素比例	3234.689***（0.0000）	3244.492***（0.0000）	317.7660***（0.0000）	3151.6640***（0.0000）	3170.5180***（0.0000）	3085.722***（0.0000）
产品质量		175.0089*（0.0918）			171.2228*（0.0983）	173.1976*（0.0959）
产品创新			−33.8101（0.8707）			
法律环境			−33.0148（0.7119）			
高层管理者经验				34.2570***（0.0000）	33.5166***（0.0002）	31.5849***（0.0010）
企业年龄						7.0185 0.4433）
地区哑变量	yes	no	yes	yes	no	yes
产业哑变量	no	no	no	no	no	no
样本数	2675					
回归系数	0.0135	0..0130	0.0135	0.0188	0..0181	0.0201

注：括号中为 p 统计量。***、**、* 分别表示在 0.1%、1% 和 5% 的统计水平上显著。

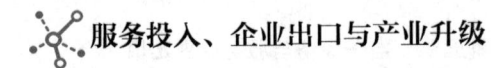

表 5-10　2004 年电子商务对我国企业出口强度的影响

出口选择	（1）	（2）	（3）	（4）	（5）	（6）
常数	0.0714*** （0.0000）	0.0406*** （0.0006）	0.0128 （0.4477）	0.0086 （0.6337）	0.0093 （0.6162）	0.0290 （0.1356）
电子商务	0.0408*** （0.0000）	0.0397*** （0.0000）	0.0448*** （0.0000）	0.0448*** （0.0000）	0.0450*** （0.0000）	0.0430*** （0.0000）
国外要素比例	0.7350*** （0.0000）	0.7306*** （0.0000）	0.6961*** （0.0000）	0.6964*** （0.0000）	0.6970*** （0.0000）	0.6644*** （0.0000）
高层管理者经验		0.0019*** （0.0014）	0.0020*** （0.0011）	0.0020*** （0.0012）	0.0020*** （0.0012）	0.0019*** （0.0037）
法律环境			−0.0234*** （0.0000）	−0.0214*** （0.0003）	−0.0215*** （0.0003）	−0.0093 （0.1548）
产品创新				0.087 （0.5310）	0.0087 （0.5284）	0.0024 （0.8651）
产品质量					−0.0012 （0.8676）	−0.0052 （0.4555）
企业年龄						−0.0006 （0.3374）
地区哑变量	no	no	yes	yes	yes	yes
产业哑变量	no	no	no	no	no	yes
回归系数	0.0908	0.0943	0.1149	0.1150	0.1150	0.1219

注：括号中为 p 统计量。***、**、* 分别表示在 0.1%、1% 和 5% 的统计水平上显著。

第六章 服务创新与企业出口速度

随着全球经济一体化和贸易自由化的不断加快,越来越多的新兴经济体企业通过快速国际化战略进入国际市场,获取基于时间或速度的国际竞争优势。不过,长期以来,企业国际化理论研究在 OLI 范式及内部化理论的框架下,主要聚焦于跨国企业国际化的原因(why)、地理(where)和模式(how)等方面的问题,要么对企业出口速度问题做简单粗糙的静态处理,要么直接忽略企业出口的时间问题,忽略了企业出口具有的动态性、复杂性和多元性。

第一节 企业出口是否有速度

现实与理论之间存在的差异引起越来越多的国内外学者对企业出口速度问题的重视,企业出口速度已经成为当今国际经济学界的前沿问题之一。普拉尚瑟姆(Prashantham)和杨(Young)(2011)明确指出,时间是企业国际化过程的中心问题,而国际化速度(speed of internationalization)作为体现国际化过程动态特征的基本标志,则不容置疑是最为重要的时间维度。已有研究主要涉及企业出口速度的概念界定、维度构建、测量指标、前因条件和影响后果等,不过由于企业出口速度是一个国际性前沿学术问题(Hennart, 2014),目前仍处于起步阶段(Chetty, et al., 2014; Coviello, 2015),所以这些方面的研究成果至今还没有取得较为一致的共识。

传统企业国际化理论认为，企业国际化是经验不断积累的学习过程，是渐进型阶段式发展过程（Johanson，Vahle，1977；Johanson，Vahle，2009），反映了企业由国内企业逐步转变为国际企业的变化过程（Hu，et al.，1992），并伴随着产品生命周期而不断开展国际化经营活动的连续过程（Vernon，1966）。在这一阶段，学者们开始用过维度指标测算企业国际化程度，例如海外销售额比重、海外资产比重、海外员工比重、海外分支机构价值增值比重等指标以及国际化深度、国际化广度等维度（Sulivan，1994；Dow，Karunarntna，2006）。总体而言，这一阶段的理论成果要么直接忽视了企业出口速度的内涵，要么把企业出口速度与企业国际化程度混为一谈，采取静态化手段处理企业出口速度这个企业国际化关键性的时间维度问题。伴随着国际新创企业或天生全球化企业的不断兴起和近年来战略创业（SE）、全球战略（GS）、国际创业（IE）、国际创新（II）等前沿理论持续取得新进展（Zahra，George，2002；Jones，Coviello，2005；Oviatt，Mc Dougall，2005；Kalinic，Forza，2012；Cavusgil，Knight，2015），出口速度逐步成为企业国际化进程的核心概念和重要时间维度。相对于部分学者对企业出口速度持怀疑甚至否定态度，认为过于强调国际化速度，会促使企业在短期采取跨国并购模式快速进入东道国市场，由于缺乏国际化核心资源和对东道国市场不太熟悉，最终出现海外投资失败率过高（Peng，2012；Wei，et al.，2015；Deng，Yang，2015），大部分学者则认为企业出口速度概念的引入，正是解决传统渐进式国际化理论仅仅将国际化进行比较静态研究的不足（Chetty，et al.，2014），是企业国际化战略行为选择和国际化资源整合能力的外在表现（Tan and Mathews，2015）。

虽然出口速度研究已开展近二十年，不过学者们对出口速度的定义、维度和测算方法等问题研究成果不足（Chetty，et al.，2014）。从另一个角度来说，也说明了企业出口速度问题作为一个崭新的研究领域，目前仍然处于起步阶段。近年来，不少学者开始深入探究企业国际化的概念内涵和维度构造，同时注重考查企业国际化的影响因素。例如维穆伦（Vermeulen）和巴克马（Barkema）（2002）认为，企业出口速度是一定时间内企业海外扩张的数量。奥维亚特（Oviatt）和麦克杜格尔（McDougall）（2005）认为，企业出口速度包括深度、地理距离和承诺程度与首次进入国际市场时间。琼斯（Jones）和科维耶洛（Coviello）（2005）认为，企业国际化表明一个企业达到特定的国际化程度所需要花费的时间。张和李（Rhee）（2011）认为，企业出口速度是从企业第一次FDI开始每年进入新国家的评价FDI的个数。张（2012）将企业国际化定义为两个连续进入模式之间的时间间隔，时间间隔与国际化速度之间是反向关系。切蒂（Chetty）（2014）认为，国际化速度是企业国际化扩张的平均速度，即自创建以来企业平均每年的国际化状态。随着研究逐步深入，企业出口速度内涵不断得到丰富和扩充，越来越多的学者认为，企业出口速度不仅体现从企业创立到第一次国际化的特征和表现，而且应该体现企业进入国际市场以后国际化过程的特质刻画。普拉尚瑟姆和杨（2011）认为，应该进一步区分国际化初始速度（企业创立与其第一次国际化行动之间的时间）与进入海外市场之后的国际化速度（第一次国际化与随后国际化行动之间的时间），企业出口速度可以用进入国家广度速度和国际资源承诺速度来表示。卡西利亚斯（Casillas）和阿塞多（Acedo）（2013）认为，国际化速度应由国际商业变化速度、海外资源承诺变化速度、国际市场广度变化速度来表示。王益民等（2017）认为，企业出口速度应包括广度（地理范围、产品市场范围）和深度（资源承诺水平、国际市场进入模式选择）两个维度：在广度层面，国际新创企业或天生全球化企业不是由近及远地完成市场延伸，而是在地理、文化、政策等方面表现出国际化行为的快速、频繁跳跃等特征；在深度层面，新兴经济体跨国企业越来越倾向于直接采取并购进入模式。然而，切蒂等（2014）认为，现有对国际化速度内涵界定和维度划分的研究成果缺乏理论支撑，他们认为，企业出口速度是一个多维度、构成型的高阶概念。

相对于国际化速度内涵界定、维度划分和测量指标，国内外学者更多关注其影响因素或前因条件。黄胜等（2017）认为，企业国际化速度的影响因素主要体现在创业者个体和团队、组织内和组织间及行业等三个层面。在创业者个体和团队层面，克德鲁瓦（Coeurderoy）和默里（Murray）

(2008)将国际化管理经验细分为海外管理经验和跨国企业管理经验,分别研究了两者对企业国际化初始速度的影响差异,阿塞多和琼斯(2007)将企业家认知首先细分为风险认知态度、预见性、国际化导向等,认为新创企业风险认知态度越乐观,认知水平越低,企业国际化初始速度越快。周(Zhou)(2007)不认同阿塞多和琼斯(2007)的观点,他认为,单纯新创企业风险认知水平并不能直接影响企业国际化初始速度,跨国创业导向也能够影响或者加快国际化速度。王艺霖和王益民(2016)认为,高层管理人员权力与企业不连贯、不规律的国际化节奏之间存在正相关关系。还有巴伯(Barber)等(2006)、罗(Luo)等(2005)、穆斯汀(Musteen)等(2010)、祖切拉(Zucchella)等(2007)、弗里曼(Freeman)等(2006)对企业国际化初始速度的影响因素进行了探究,卡西利亚斯等(2014)、林(Lin)(2012)、周劲波等(2014)等则对企业进入国际市场后速度的影响因素进行了分析。在组织层面,企业国际化速度的影响因素主要是组织知识和各种能力。例如Lin(2014)认为,组织冗余越大,企业初始国际化速度越快。李(Lee)等(2012)考察了网络关系的类型对企业国际化初始速度的影响,摩根·托巴斯(Morgan-Thomas)和琼斯(2009)认为,应该综合考察企业国际化全过程,通过资源开发或者战略管理加快企业国际化速度。穆斯汀等(2010)认为,国际化网络的结构、认知与关系显著影响企业国际化速度。于等(2011)则考察了联盟异质性对企业国际化初始速度的影响,结果发现,前者显著影响后者。基斯(Kiss)和丹尼斯(Danis)(2008)认为,社会网络帮助新创企业降低交易成本和交易风险,尽可能克服外来者劣势和局外者劣势,他们进一步考察了社会网络的连接强度对企业国际化初始速度影响。此外,鲍威尔(Powell)(2014)发现,企业利益率与企业国际化速度之间呈倒U形关系。在行业层面,目前分析行业基本特征影响企业国际化的研究成果较多,而深层次挖掘行业特质的成果不多。黄胜(2016)分析了国内外企业国际化速度文献的研究情境,发现文献研究样本主要集中于发达经济体(西班牙4次、美国3次、荷兰2次、韩国2次、其他5次),实证研究样本则主要集中于制造业(16次),服务业(零售和法律)仅仅2次,混合行业样本(知识密集、制造、服务)10次。目前,国际化速度研究主要把行业特征作为自变量出现在回归模型中。拉莫斯(Ramos)等(2011)发现,技术密集型企业比非技术密集型企业的初始国际化速度要快。泰勒(Taylor)和杰克(Jack)(2013)发现,越小越成熟的国内市场对企业国际化初始速度的促进作用越明显。

企业出口速度研究的根本目的是为了提高企业国际化绩效,因此,企业国际化速度对国际化绩效的影响研究是近些年国际经济学和国际商务领域的一个前沿热点问题。根据企业国际化速度对国际化绩效的影响方式和影响程度,可以把已有文献细分为三类:第一类是国际化速度直接影响国际化绩效。奥提奥(Autio)等(2000)、萨皮恩扎(Sapienza)(2006)均认为国际化速度越快,企业国际化绩效越显著。另外,奥提奥等(2000)还认为,初始国际化速度越快的新创企业具备先行者优势,国际化绩效就越好。第二类是国际化速度作为调节变量影响其他变量与企业国际化绩效的关系。瓦格纳(Wagner)(2004)研究发现,企业国际化速度与运营绩效之间的变化呈倒U形关系。维穆伦和巴克马(2002)综合检验了国际化速度、国际化范围和国际化节奏对企业国际化绩效的调节关系,发现,企业国际化速度负向调节外国子公司数量和企业国际化绩效之间的关系。莫尔(Mohr)和法斯托尔(Fastosl)(2014)认为,企业国际化速度正向调节母国地理集聚程度与企业国际化绩效之间的关系。第三类是国际化速度通过调节变量影响企业国际化绩效。由于企业国际化速度的内涵界定、维度构建、指标测算等存在较大差异,国际化速度对绩效影响的函数形式和影响方向并非都是线性和单调不变的,已有成果认为,可能存在正向关系、负相关系和非线性关系,其中非线性关系具体包括U形(Ruifrok,Wagner,2003)、倒U形(Hitt, et al.,1997;黄胜等,2017)和S形(Lu,Beamish,2004;Thomas,Eden,2004)等。

我国政府提出实施创新驱动发展战略,强调科技创新是提高社会生产力和综合国力的战略支撑,此举必将提高我国企业的核心竞争力和国际竞争优势。那么,服务创新是否加快企业出口速度?服务创新与企业出口速度之间存在什么关系？政策环境因素特别是政府支持、法律政策、金融政策、地方政策等这些政策情境因素对于创新与企业出口速度之间的关系是否存在显著的调节作用？另外，目前已有研究大多以制造业企业为研究对象，缺乏对服务企业的重视（方宏，王益民，2017），所得结论有可能偏误。本书以世界银行提供的中国微观企业数据，研究服务创新与出口速度之间的关系以及政府干预，力图从这些方面深层次挖掘影响中国服务企业出口速度的独特因素和调节变量，在丰富完善国际创业、战略创业、全球战略等交叉前沿领域和国际商务、国际贸易、社会网络、组织学习、企业国际化等重要基础理论的同时，有可能为我们理解新兴经济体企业国际化过程和国际化效果提供独特的理论视角，同时也为"一带一路"战略下中国企业如何通过出口速度提升国际化绩效提供坚实的研究基础。本书的学术边际贡献体现在：实证检验了服务创新对服务企业出口速度的影响及政策环境（政府支持、法律保护、金融发展）对二者关系的一次调节作用，还验证了地方政策对政策环境因素的二次调节作用。实证结果表明，服务创新与出口速度的关系呈倒 U 形曲线，两者之间存在一个阈值；未考虑地方政策的影响时，政府支持、法律保护、金融发展对两者之间的关系均具有显著的正向调节作用；考虑地方政策的影响时，它削弱了政府支持对两者的正向调节关系，而增强了法律保护和金融发展对两者的正向调节关系。

第二节 研究假设

根据组织学习理论，新创服务企业具有认知优势，没有太多惯例束缚和历史负担，更容易接受新鲜的国际化知识和经营理念进行产品或服务创新（Autio, et al., 2000），学习欲望强烈，学习知识广泛，另外，新创服务企业还具有关系优势和组织优势。不过，随着时间的不断推移，企业国际化深度广度不断扩大，新创服务企业社会网络关系逐步转化为强关系，将会逐步消耗企业的创新资源。同时企业需要一定的关系才能及时吸收国际市场知识和利用国际市场机会，但是新创服务企业一直缺乏这些基础资源。另外，冗余资源结构不合理和不配套等问题也会影响出口速度。所以，随着服务创新越来越深入，企业国际化初始速度先增加后减少。因此，本书提出假设 1。

假设 1：服务创新与出口速度的关系呈倒 U 形曲线。

根据 OLI 理论，西方发达国家依靠所有权优势（如管理优势或技术优势）进行企业国际化经营，而许多发展中国家或新兴经济体国家企业国际化活动是在不具备这些所有权优势的基础上开展的。企业出口速度是快好还是慢好，目前学界存在激烈争论，但基本上认同的观点是，由于新创企业不具备所有权优势，在进入东道国的过程中，与当地企业相比，不可避免地会承担较多的额外成本。在政府主导型的国家，政府参与支持往往能够帮助新创服务企业获取各种优惠政策、资金补贴和政策优势，用以弥补企业所有权方面的不足。另外，政府定期发布国际市场服务需求、投资指南和风险防范等，有助于企业有效降低或避免外来者劣势和局外者劣势。因此，本书提出假设 2。

假设 2：政府支持正向调节服务创新与出口速度之间的关系。

实施有效的法律保护政策，可以打击侵犯违法违规行为，有效降低企业创新成本和创业风险，为企业进行服务创新活动创造良好的土壤和环境，同时可以激发其他服务企业积极投身创新创业活动，通过竞争效应或筛选效应不断提升产品质量或服务质量，更有可能达到或超过产品或服务的国际标准，实现企业产品服务与国外市场消费者需求的无缝对接和随机优化。另外，还可以借助于云计算、大数据、物联网等新技术，使企业更有可能创造出新模式、新业态、新技术、新产品和新服务，以国际领先的技术或服务加快企业国际化进程，缩短新兴经济体服务企业国际化扩张的循环周期，进一步加快企业出口速度。因此，本书提出假设 3。

假设 3：法律保护正向调节服务创新与出口速度之间的关系。

融资约束不仅关系企业是否能够顺利开展国际化活动，而且关系到企业国际化市场多元化选择和国际化动机，还可能影响企业提升技术创新能力和国际化绩效提高。企业融资约束越得到缓解，越可能投入更多的物质投资和较高的感情投资用以强化国际市场社会网络强关系，更加熟悉东道国的市场环境、政策环境、资源环境等和消费者的文化传统、价值观念、消费偏好等，便于调整和优化服务运营模式，加快企业出口速度。周开国等（2017）认为，企业在面临激烈的产品市场竞争时，融资约束对自身研发、协同研发的抑制效应会更明显。因此，他们建议，政府可以通过完善金融服务体系、加强知识产权保护促进企业参与协同创新。因此，本书提出假设4。

假设4：金融发展正向调节服务创新与出口速度之间的关系。

在市场化程度较高的地方，市场在服务创新资源配置过程中往往发挥着决定性作用。另外，这些地方竞争环境比较公平，竞争程度比较激烈，竞争机制比较健全。由假设2可知，政府支持对服务创新与出口速度之间的正向调节关系与地方市场化程度有很大关系，其原因是，政府支持对服务创新与出口速度之间正向调节关系比较明显的地方往往是市场化程度不高、市场竞争不充分、市场机制不健全的地方，这些地方往往需要政府参与或支持，来弥补市场在服务创新资源配置过程中的作用缺位，抵消东道国的市场风险和其他不利因素。在市场化程度较高的地方，政府过多参与不但有可能阻碍市场配置资源的正常作用，而且有可能束缚服务企业投入国际关系网络构建和获取国际化知识。因此，市场化程度会削弱政府支持对服务创新与出口速度的正向调节关系。另外，地方市场化程度越高，其法律保护和金融发展越有效和越稳健，其服务企业开展服务创新的保障越健全，对服务创新与出口速度的正向调节作用越明显。因此，结合假设2、假设3和假设4，本书提出假设5。

假设5a：市场化程度会削弱政府支持对服务创新与出口速度的正向调节关系。

假设5b：市场化程度会增强法律保护对服务创新与出口速度的正向调节关系。

假设5c：市场化程度会增强金融发展对服务创新与出口速度的正向调节关系。

综上所述，研究框架如图6-1所示。

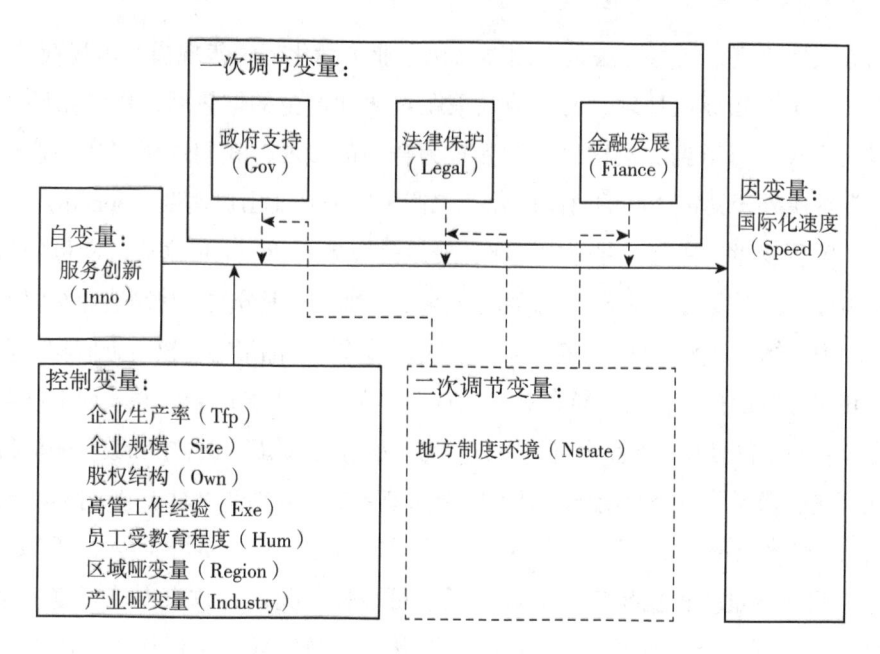

图 6-1 研究框架示意图

第三节 变量、研究方法与数据处理

一、变量定义

被解释变量。在这一部分中,被解释变量是服务企业出口速度。已有文献从各个视角介绍了测算出口速度的方法,例如使用"从企业创建到首次外国销售之间的时间间隔""外国销售额占比达到20%的年份减去企业成立的年份"等方法来测算国际化初始速度,利用"自企业首次外国扩展以来的年份""企业经营的年份"等方法来测算进入后出口速度。还有部分学者(王益民等,2017)建议,应该采用"双维"视角测算企业国际化进入后速度:一是基于深度的国际化进入后速度,测算方法是某个国际化指标达到某个标准的年份与国际化元年之间的时间长短;二是基于广度的国际化进入后速度，测算方法是在测算反映企业国际化的销售规模、市场覆盖、产品种类等指标与地理、文化或政策距离之间产生的增量后，用增量除以时间距离可以得到。根据目前学界较为普遍的做法，我们选择"从企业创建到首次外国销售之间的时间间隔"来衡量服务企业出口速度（Speed）。

解释变量。在这一部分中，解释变量是服务创新。一般来说，衡量创新的指标有创新投入和创新产出。部分成果没有细化行业分类，将制造业与服务业融为一体，其实，两者在存在形式、表现形式、产品形态、核心价值和所有权转化等方面存在较大差异。由于2012年世界银行调查问卷中并未列出服务企业专利获得量及新产品数量，因此，为了尽可能保留更多样本和数据的可得性，我们选择服务企业创新的显示性指标来衡量服务创新。对于显示性指标，选取创新产出密度（Inno），即"新产品或服务销售收入占总销售收入比重"。

调节变量。根据研究需要和数据的可得性，我们将政府支持程度、法律保护程度、金融发展水平、社会治安状况等政策环境变量作为一次调节变量，把地方市场化程度作为二次调节变量。具体来说，我们主要从主观和客观两个方面来量化企业的外部政策环境。第一，主观量化。即通过企业家所感知的政策环境变化来衡量。具体包括：①政府支持（Gov），通过问卷中对"企业主要管理者花在与政府部门和官员打交道的时间占其工作时间的比重"的回答而得，所占比重越大表示政府支持力度越大；②法律保护（Legal），通过"企业认为法律政策解决商业或经济纠纷，维护合同和产权的可能性"进行衡量，数值越大表示企业的法律政策环境越好。③金融发展（Finance），通过"融资在多大程度上对企业的运营形成障碍"进行衡量，从0到4表示无阻碍到严重阻碍，分值越高表示金融发展水平越低。第二，客观量化。黄胜等（2017）指出，在政策层面，东道国政策、母国政策和基础设施等是出口速度的主要影响因素。已有研究主要考察了国家层面政策对出口速度的影响，尚未考虑较低层面的地方政策和较高层面的国际政策。我们利用樊纲等（2011）的"中国各地区市场化指数"作为服务企业注册所在省市政策环境的替代变量，验证地方政策对服务企业服务创新与企业出口速度之间关系的二次调节作用，既可以确保实证结果的稳健性，又可以弥补黄胜等（2017）提出的地方政策影响企业出口速度的研究不足问题，具有一定的创新性。

控制变量。结合已有研究，我们控制了企业生产率、企业规模、股权结构、高管工作经验、员工受教育程度等因素。另外，为了避免地区和行业因素对企业出口速度的影响，还引入了区域、产业哑变量。企业生产率（Pro）采用企业销售额与工人的比值来衡量；企业规模（Size），采用销售额取对数来衡量；高管工作经验（Exe），采用调查问卷中"高管有多少年的工作经验"取自然对数来衡量；员工受教育程度（Hun），采用企业中具有大专及以上学历的员工比例来衡量；股权结构（Own），按照我国法律规定，外资股份占比高于25%的企业为外资企业，将内资企业按所占股份大小划分为国有、民营和其他，具体来说，Own=1（外资企业），Own=2（国有企业），Own=3（民营企业），Own=4（其他企业）。

综上所述，各变量名称、符号与测算方法如表6-1所示。

表6-1 变量定义说明

变量类型	变量名称		变量符号	变量定义
因变量	出口速度		Speed	Speed=YEAR2（首次进军国际市场的年份）—YEAR1（企业成立的年份）
解释变量	服务创新		Inno	新产品（服务）开发费用占销售额的比重
调节变量	政策环境	政府支持	Gov	世界银行联合中国国家统计局对中国开展的"China Enterprise Survey"调查问卷中"企业主要管理者花在与政府部门和官员打交道的时间占其工作时间的比重"
		法律保护	Legal	世界银行联合中国国家统计局对中国开展的"China Enterprise Survey"调查问卷中"企业认为法律政策解决商业或经济纠纷，维护合同和产权的可能性"
		金融发展	Finance	世界银行联合中国国家统计局对中国开展的"China Enterprise Survey"调查问卷中"融资在多大程度上对企业的运营形成障碍"
	二次调节	地区市场化程度	MI	中国各地区市场化指数（樊纲等，2011）

续表

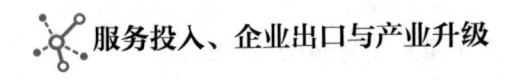

变量类型	变量名称	变量符号	变量定义
控制变量	企业生产率	Pro	企业销售额与工人的比值
	企业规模	lnSize	世界银行联合中国国家统计局对中国开展的"China Enterprise Survey"调查问卷中企业当年销售额的对数
	股权结构	Own	Own=1（外资企业），Own=2（国有企业），Own=3（民营企业），Own=4（其他企业）
	高管工作经验	lnExe	世界银行联合中国国家统计局对中国开展的"China Enterprise Survey"调查问卷中"高管有多少年的工作经验"的对数
	员工受教育程度	Hum	世界银行联合中国国家统计局对中国开展的"China Enterprise Survey"调查问卷中"企业中具有大专及以上学历的员工比例是多少"
	区域哑变量	Region	世界银行联合中国国家统计局对中国开展的"China Enterprise Survey"调查问卷
	产业哑变量	Industry	世界银行联合中国国家统计局对中国开展的"China Enterprise Survey"调查问卷

二、模型及研究方法

变量及模型的计量检验。为了避免变量间可能存在多重共线性，影响计量模型回归的精准度和实效性，首先通过相关系数矩阵（correlation matrix）的方法检验了多重共线性，具体结果如表6.2所示。从表6.2可知，所选取的变量相关系数矩阵显示不同变量之间并不存在多重共线性。

表 6-2 变量间的相关系数矩阵

相关系数	平均值	标准差	Speed	Inno	Gov	Legal	Finance	Safety	MI
Speed	4.836	6.474	1.000	−0.157	−0.089	−0.024	0.131	0.068	−0.070
Inno	0.521	0.503		1.000	0.105	−0.028	0.221	−0.027	−0.008

续表

相关系数	平均值	标准差	Speed	Inno	Gov	Legal	Finance	Safety	MI
Gov	1.904	3.863			1.000	−0.122	0.005	−0.127	0.007
Legal	0.384	0.568				1.000	0.403	0.575	0.314
Finance	0.548	0.646					1.000	0.422	0.352
Safety	0.329	0.502						1.000	0.362
MI	10.625	1.605							1.000

除了多重共线性，时序不平稳也有可能导致计量模型伪回归，利用单位根检验来检验时序的平稳性。单位根检验常用的方法有 DF、ADF、PP。选择单位根检验方法中的 ADF 和 PP 方法共同检验变量的平稳性，各变量平稳性检验结果如表 6-3 所示。表 6-3 结果所示，说明选择的变量间长期稳定且存在长期均衡。

表 6-3 各变量平稳性检验

变量	ADF	平稳性	PP	平稳性
Speed	−6.177***	平稳	−6.186***	平稳
Inno	−6.889***	平稳	−6.879***	平稳
Gov	−4.415***	平稳	−9.241***	平稳
Legal	−6.381***	平稳	−6.409***	平稳
Finance	−7.096***	平稳	−7.312***	平稳
Safety	−5.189***	平稳	−5.187***	平稳
MI	−5.075***	平稳	−5.114***	平稳

根据假设，建立如下基本模型：

$$Speed=F(Inno, HTFP, Size, Own, Exe, Hum, Region, Industry)$$

其中，$Speed_{2011}$ 为被解释变量，定义为服务企业出口速度；$Inno_{2011}$ 为解释变量，定义为服务企业创新密度；HTFP、Size、Own、Exe、Hum、Region、Industry 为控制变量，分别定义为企业生产率、企业规模、股权结构、高管工作经验、员工受教育程度、区域哑变量、产业哑变量等。

根据上述设定和描述，以及前文对变量的处理，构建的多元线性回归模型如下：

模型 1：$\mathrm{Speed}_t = \alpha_{10} + \alpha_{1i}\sum_{i=1}^{7}\mathrm{Contral}_i + \varepsilon_t$

模型 2：$\mathrm{Speed}_t = \alpha_{20} + \alpha_{2i}\sum_{i=1}^{7}\mathrm{Contral}_i + \alpha_{28}\mathrm{Inno}_t + \alpha_{29}\mathrm{Inno}_t^2 + \varepsilon_t$

模型 3：

$$\mathrm{Speed}_t = \alpha_{30} + \alpha_{3i}\sum_{i=1}^{7}\mathrm{Contral}_i + \alpha_{38}\mathrm{Inno}_t + \alpha_{39}\mathrm{Inno}_t^2 + \beta_{3j}\sum_{j=10}^{14}\mathrm{Moderate}_j + \varepsilon_t$$

模型 4：

$$\mathrm{Speed}_t = \alpha_{40} + \alpha_{4i}\sum_{i=1}^{7}\mathrm{Contral}_i + \alpha_{48}\mathrm{Inno}_t + \alpha_{49}\mathrm{Inno}_t^2$$
$$+ \beta_{4j}\sum_{j=10}^{14}\mathrm{Moderate}_j + \chi_{4j}\mathrm{Moderate}_j \times \mathrm{Inno}_t + \varepsilon_t$$

其中，$\mathrm{Contral}_i = \mathrm{LnTfp, Lnsize, Own, Lnexe, Hum, Region, Industry}$，$i = 1,2,3,4,5,6,7$；$\mathrm{Moderate}_j = \mathrm{Gov, Legal, Finance, Safety, MI}$，$j = 1,2,3,4,5$，$t$ 表示年份，ε 表示残差项，符合标准正态分布。回归模型在选用 7 个控制变量的基础上，分别逐步加入 9 个调节变量，最后将所有变量加入模型中，检验回归过程中变量和模型的显著性以及稳健性。另外，在计算时根据需要对变量进行百分数处理。尽管一些变量在定义说明时采取了适当处理，不过在回归结果表格中仍采用各变量原定义符号来表示变量之间关系的变化，用以科学合理解读实证结果。

第四节 回归结果分析

本书首先引入了企业生产率、企业规模、股权结构、高管工作经验、员工受教育程度、区域变量、产业变量等控制变量；其次，引入了服务创新和服务创新二次方,用以检验服务创新与服务企业出口速度之间的非线性关系;再次,引入了政府支持、法律保护、金融发展等主观变量,用以检验政策环境对服务创新与企业出口速度之间非线性关系的一次调节效应;最后,引入地方市场化这个客观变量,应以检验政策环境的二次调节效应,确保实证结果的稳健性。具体计量回归结果如表6-4所示。

表6-4中第一列模型1中只包括控制变量,模型2在模型1的基础上加入了服务创新和服务创新平方,从回归结果来看,服务创新和服务创新平方的系数均在1%的水平上分别显著为负和正,具有比较强的稳健性,说明服务企业服务创新与企业出口速度之间呈现倒U形曲线关系。具体来说,随着服务创新密度的不断增加,企业出口速度随之加快,直到某一定点B之后(图6-2),随着服务创新密度的进一步增强,企业出口速度开始出现下滑,当服务创新密度达到定点C时,企业出口速度降为0,企业国际化活动终止。关于服务创新与企业国际化化速度的实证分析结果为贝尔(Bell)等(2001)、图普拉(Tuppura)等(2008)、马修斯(Mathews)(2006)、葛(Ge)和丁(Ding)等(2008)、博纳利亚(Bonaglia)和马修斯(2007)的观点提供了重要的实证证据。例如,贝尔等(2001)观察到国际市场上有一种现象,一些企业在国内成立时间不长,不具备所有权优势和国际化动机,但是突然开始了快速且密集的国际化活动。由此,图普拉等(2008)根据企业国际化时间路径,将企业分为传统国际化企业、"天生全球化企业"和"重生"全球化企业。不过,贝尔等(2001)和图普拉等(2008)并没有给出这种现象背后的原因。马修斯(2006)对亚太地区跨国公司进行了跟踪调查后发现,企业组织创新是加快企业国际化的主要诱因。应该说,马修斯(2006)的成果触及了企业快速国际化的主要机制和内在动力,具有一定的创新性。葛和丁(2008)、博纳利亚和马修斯(2007)也证实了这些观点。

表 6-4 回归结果（因变量：服务企业出口速度，Speed）

模型	1	2	3	4	5	6	7	8	9	10
解释变量										
创新（Inno）		-40.191** (0.015)	-45.619*** (0.008)	-55.168*** (0.006)	-66.107*** (0.002)	-43.704** (0.013)	-46.180** (0.016)	-53.961*** (0.008)	-70.043*** (0.002)	-55.477* (0.053)
Inno2		50.853** (0.043)	56.393** (0.033)	85.482** (0.015)	91.655** (0.010)	52.005* (0.055)	53.981* (0.064)	79.427** (0.026)	96.619** (0.012)	128.772** (0.011)
调节变量										
政府支持（Gov）			0.027* (0.072)	0.079 (0.180)	0.129* (0.084)	0.276* (0.084)	0.444** (0.038)	0.029* (0.054)	0.281* (0.066)	0.541** (0.021)
法律保护（Legal）			2.334* (0.059)	5.943* (0.049)	10.458*** (0.005)	-25.744 (0.284)	-18.812 (0.498)	4.769* (0.081)	8.273** (0.010)	25.883** (0.040)
金融发展（Finan）			0.959* (0.051)	0.675* (0.56)	0.556** (0.034)	1.044** (0.016)	2.933 (0.199)	0.822 (0.193)	4.258* (0.087)	3.521** (0.015)
地区市场化（MI）			10.284* (0.086)	9.362** (0.049)	7.556** (0.086)	7.265** (0.026)	-13.744 (0.648)	9.071* (0.068)	7.268** (0.019)	20.421* (0.090)
交叉项										
Inno × Gov				0.458** (0.029)			0.073* (0.051)			0.249* (0.097)

续表

模型	1	2	3	4	5	6	7	8	9	10
Inno × Legal					37.010** (0.011)			14.987* (0.067)		29.761** (0.034)
Inno × Finance						13.396* (0.055)				-8.498 (0.489)
MI × Gov							1.020 (0.186)		2.136* (0.074)	4.117 (0.122)
MI × Legal								2.460 (0.127)		4.884** (0.045)
MI × Finance									0.127 (0.251)	0.235* (0.083)
Inno × Gov × MI							-0.140* (0.098)			-0.189* (0.072)
Inno × Legal × MI								2.673** (0.028)		2.744** (0.037)
Inno × Finance × MI									1.299** (0.049)	1.500* (0.072)
C	28.153* (0.089)	36.112** (0.067)	160.309** (0.019)	151.299* (0.069)	113.269** (0.045)	98.430 (0.627)	-142.705 (0.693)	144.988 (0.495)	113.537 (0.564)	-70.495 (0.872)

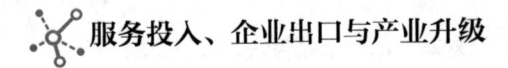

续表

模型	1	2	3	4	5	6	7	8	9	10
控制变量										
企业生产率（TFP）	10.624** (0.010)	20.491** (0.021)	99.632* (0.097)	91.760* (0.055)	70.961*** (0.008)	61.543* (0.081)	135.475** (0.037)	−87.785 (0.179)	68.415 (0.239)	84.077** (0.014)
企业规模（SIZE）	−0.705 (0.210)	−0.679 (0.185)	−0.849 (0.290)	−0.866 (0.311)	−0.438 (0.591)	−0.746 (0.358)	−0.500 (0.614)	0.817** (0.048)	−0.547 (0.524)	−0.922 (0.328)
股权结构（OWN）	−0.615 (0.358)	−0.965 (0.121)	−0.628 (0.403)	0.686* (0.064)	−0.322 (0.648)	−0.781 (0.319)	−0.783 (0.356)	−0.670 (0.386)	−0.234 (0.752)	−1.198 (0.130)
高管经验（EXP）	0.118 (0.134)	0.198** (0.012)	0.135 (0.283)	0.132 (0.313)	0.140 (0.260)	0.162 (0.225)	0.196 (0.210)	0.139* (0.093)	0.131 (0.313)	0.172 (0.252)
员工教育（Hum）	0.059** (0.047)	0.035 (0.201)	0.008 (0.198)	0.006* (0.065)	0.024** (0.052)	0.007** (0.048)	0.006* (0.077)	0.008** (0.016)	0.024* (0.082)	0.009* (0.091)
区域哑变量（Region）	yes	yes	yes	yes	yes	yes	yes	yes	yes	yes
行业哑变量（Industry）	yes	yes	yes	yes	yes	yes	yes	yes	yes	yes
R^2	0.404	0.559	0.657	0.690	0.784	0.690	0.703	0.677	0.761	0.911
P值	0.028	0.004	0.014	0.023	0.007	0.023	0.052	0.030	0.014	0.027

注：***、**、* 分别表示1%、5%和10%的显著性水平，括号内为相对应的p统计量。

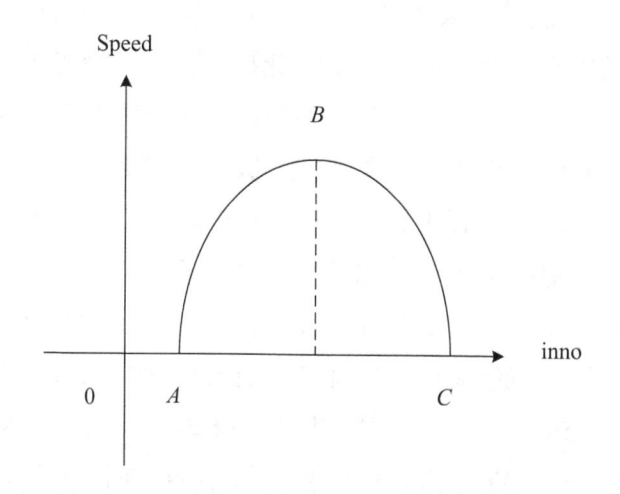

图 6-2 服务创新与企业出口速度之间的倒 U 形关系

根据服务企业自身实际和组织学习理论、社会网络理论、企业行为理论、国际贸易理论等基本理论，虽然服务企业面临外来者劣势和所有权不足，但是根据组织学习理论，服务企业具有认知优势，没有太多惯例束缚和历史负担，学习欲望强烈，学习知识广泛，更容易接受新鲜的国际化知识和经营理念进行产品或服务创新（Autio, et al., 2000）。另外，服务企业还具有关系优势，服务企业在国际化时比较年轻，国际创业意愿比较强烈，更容易依靠弱关系吸收国际市场信息，优化服务经营模式，创新企业服务方式。此外，服务企业还具有组织优势，服务企业的组织机构一般比较扁平和灵活，更容易通过服务创新来反映国际市场对产品或服务的偏好调整。认知优势、关系优势和组织优势有利于服务企业开展服务创新，进而加快企业出口速度。不过，随着国际化深度和广度不断扩大，服务企业社会网络关系逐步转化为强关系，需要更多的物质投资和更高的感情投资，将会逐步消耗企业的创新资源。同时根据吸收能力观，企业需要一定的惯例和关系才能及时吸收国际市场知识和利用国际市场机会，而服务企业一直缺乏这些基础资源。根据企业行为理论，随着服务创新不断深入，冗余资源结构不合理和不配套等问题也会影响企业出口速度，老者劣势的态势越来越明显，随着时间推移而越来越不适宜国际形势的变化和国际市场的竞争，

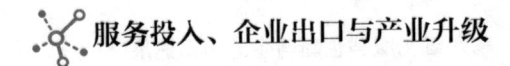

对外界变化的抵触意识越来越强烈和越明显（Sapienza, et al., 2006）。所以，随着服务创新越来越深入，企业国际化初始速度先增加后减少。

模型3在模型2的基础上加入了政府支持、法律保护和金融发展等一次调节变量，模型4~模型6在模型3的基础上依次加入了一次调节变量政府支持、法律保护和金融发展与服务创新相乘的交叉项，模型7~模型9则是在模型4~模型6的基础上加入了地方市场化对政府支持、法律保护和金融发展的二次调节，模型10则是包含了所有变量的全模型，也是对前面模型1~模型9实证结果的稳健性检验。针对假设2，新变量在加入后模型3后的R^2由0.559升至0.657，说明加入政府支持变量后，模型的解释力增强了，并且政府支持对服务创新与企业出口速度之间关系的调节作用是显著的，同时根据模型10的回归结果来看，这种调节作用也是稳健的，支持假设2。模型7在考虑地方市场化对服务创新与企业出口速度之间关系的二次调节作用时，地方市场化对企业国际化的单独影响是不显著的，不过，三者的交叉项则是显著负向，地方市场化与政府支持的二项交叉项也是显著负向，说明市场化程度会削弱政府支持对服务创新与出口速度的正向调节关系，这一结果支持假设5a。模型8在考虑地方市场化对服务创新与企业出口速度之间关系的二次调节作用时，地方市场化对企业国际化的单独影响是显著正向，另外，地方市场化与法律保护的二项交叉项虽不显著，但三者的交叉项是显著正向，说明市场化程度会增强法律保护对服务创新与出口速度的正向调节关系，这一结果支持假设5b。模型9在考虑地方市场化对服务创新与企业出口速度之间关系的二次调节作用时，地方市场化对企业国际化的单独影响是显著正向，另外，地方市场化与金融发展的二项交叉项虽不显著，但三者的交叉项是显著正向，说明市场化程度会增强金融发展对服务创新与出口速度的正向调节关系，这一结果支持假设5c。模型10是包含了所有变量的全模型，对前面所有模型回归结果进行稳健性检验。结果显示，回归结果具有较强的稳健性，前文所有假设均得到支持。

第五节 结 论

利用世界银行提供的中国微观服务企业数据，实证检验了服务创新对出口速度的影响以及政策环境（政府支持、法律保护、金融发展）对二者关系的一次调节作用，还验证了地方政策对政策环境因素的二次调节作用。实证结果表明，服务创新与出口速度的关系呈倒 U 形曲线，两者之间存在一个阈值；未考虑地方政策的影响时，政府支持、法律保护、金融发展对两者之间的关系均具有显著的正向调节作用；考虑地方政策的影响时，它削弱了政府支持对两者的正向调节关系，而增强了法律保护和金融发展对两者的正向调节关系。根据实证结果，我们认为，我国服务企业虽不具备所有权优势，但通过服务创新，不断积累国际化经验，同时依靠政府支持、法律保护、金融发展等政策，可以以较快的速度进行国际化经营。

这些结论对我国企业开展国际化经营的指导意义主要体现在以下两个方面：第一，服务创新对企业出口速度的影响并非是正向或负向的线性关系，而是非线性关系。具体来说，服务创新对企业出口速度的促进作用存在一个阈值（门槛），服务企业只有不断激发学习导向，增强组织学习和吸收能力，丰富企业国际化经验，提高社会网络关系强度，适当储备创新冗余资源，不断延展企业服务创新深度和广度。第二，政府支持、法律保护和金融发展有利于加快企业出口速度。不过，服务企业在考虑利用这些企业因素调节服务创新与企业出口速度的同时，必须考虑企业所处区域市场化的影响。在市场化程度较高的地方，法律保护和金融发展提高服务企业出口速度，而在市场化程度较低的地方，政府支持提高服务企业出口速度。

然而，研究也并非完美，还存在以下可能的改进之处。第一，由于中国是最大的发展中国家，目前是发展中国家较早进行企业国际化同时也是企业出口速度较快的国家例证，还有不少发展中国家企业国际化活动目前仍是方兴未艾，所以，研究的样本选择还存在不少改进之处。第二，使用了传统计量方法进行回归分析，可能存在乘积项非正态分布产生的估计偏差问题（Kelava, et al., 2011）。黄胜等（2017）提出了采用Mplus软件特有的潜调节结构方程方法可以解决这些问题，原因是潜调节结构方程方法把非正态分布看成是条件正态分布的混合，因而交互项不需要人为构造指标，不需要交互项正态分布的前提假设，从而能够解决传统计量回归模型非正态分布产生的估计偏差问题。第三，研究了服务企业出口速度的影响因素，但没有考虑企业出口速度的异质性问题。服务企业选择哪种类型的出口速度比较合适，是渐进稳健型或是激进加速型？梅斯基（Meschi）等（2017）、方宏和王益民（2017）等开始研究这些问题，不过存在的问题是大都选择制造业企业为样本，而没有选择服务企业。未来的研究可以从企业国际化全过程视角，将服务企业出口速度细分为国际化初始速度和国际化进入后速度（国际化广度速度和国际化深度速度），在政策不确定性的调节作用下，实证检验在每个维度下服务创新对企业出口速度的影响以及对企业国际化绩效的影响。

第七章 空气污染与出口增长

空气污染是否影响企业出口增长？本章运用来自哥伦比亚大学国际地球科学信息网络中心（CIESIN）所属的社会经济数据和应用中心（SEDAC）发布的PM2.5浓度数据库和世界银行中国企业微观数据库，采用不同的计量回归模型考察了中国主要城市PM2.5密度对企业出口增长的二元边际的异质性影响。重点回答以下问题：企业出口增长的集约边际和扩展边际是否随着主要城市PM2.5密度的增加而发生变化以及如何变化？产品创新是否显著地降低不同地区主要城市PM2.5密度对企业出口的影响？主要城市PM2.5密度对企业出口增长的集约边际和扩展边际的影响是否随着出口年份的到来而不断增强？PM2.5浓度影响出口增长的内在机制是什么？

第一节 提出问题

改革开放四十多年来尤其是加入WTO以来，我国依靠价格低廉的劳动力、前所未有的广阔市场、体系完备的配套能力、相当稳定的国内政局等优势条件，出口贸易获得爆炸式增长，取得了较为显著的成绩。海关总署统计数据显示，1978年到2017年，我国进出口总额从206.4亿美元提高到4.1万亿美元，年均增长14.5%，占全球进出口比重从0.77%提升到10%左右，在全球货物贸易中的排名由第30位跃升至第1位。自滞后二年起，我国已连续9年保持全球货物贸易第一大出口国和第二大进口国地位，是名副其实的制造大国、贸易大国。

然而，成绩的背后隐藏着"忧患"。一方面，我国产品在全球价值链的位置并不高，出口竞争力较弱。伴随着国际分工体系的不断分解重组和全球经济一体化的深入发展，产品的生产过程按照不同国家的比较优势在全球布局，最终形成一种基于全球价值链的新兴国家分工体系。所以，一个国家出口产业参与全球价值链的程度以及在全球价值链的位置等指标充分体现了国家的出口竞争力。目前，学界较为一致认为，目前我国产品出口在世界范围内规模较大，参与全球价值链的程度较高，但在全球分工格局中很多产品仍处于组装加工生产环境，仍位于传统制造业的价值链底端，在全球价值链的位置并不高，出口竞争力和出口价值还有较大提升空间。另一方面，环境污染严重损害了出口竞争力提升。伴随出口爆炸式增长而来的能源高投入高消耗和环境高排放高污染等损害了我国出口竞争力进一步提升和在全球价值链所处位置攀升的基础。这些问题不断提醒我们，加快我国外贸增长方式转变，提高出口产品附加值率，增强我国出口竞争力，实现中国出口向价值链上游攀升，走出一条低消耗、低污染、高附加值的对外贸易可持续发展道路已是刻不容缓、迫在眉睫。

在理论层面，环境污染与国际贸易之间的内在关系早已成为国际经济学和环境经济学领域的重要议题。国内外经济学者在研究贸易自由化带来的环境效应的同时也开展环境规制对进出口贸易的影响研究，产生了许多高质量的研究成果。尽管如此，环境污染对国际贸易的影响在学界至今还没有形成较为一致的看法（Christiansen, Haveman, 1981; Gray, Shadbegian, 1993; Ambec, et al., 2011; Greenstone, List, 2012; Sousa, Hering, Poncet, 2015; 王杰, 刘斌, 2014; Okubo, et al., 2018; Levinson, Taylor, 2008）。运用来自世界银行中国企业微观数据库和哥伦比亚大学国际地球科学信息网络中心（CIESIN）所属的社会经济数据和应用中心（SEDAC）发布的PM2.5浓度数据库，采用不同的计量回归模型考察了中国主要城市PM2.5密度对企业出口增长的二元边际的异质性影响，尝试对这些问题开展创新性研究，希望能够对揭示两者之间的关系提供更多理论依据。在实践层面，由于中国生产所导致的PM2.5排放占据整个排放量的比重很大（Lin, et al., 2014），PM2.5容易导致收入差距拉大、寿命预期减少、社会犯罪率升高和人体免疫机能降低等问题（Ebenstein, et al., 2015；代丽华，2017；Feng, et al., 2016），很有可能影响企业员工身心健康、企业技术创新、社会营商环境和出口竞争能力等，所以开展中国主要创新城市PM2.5密度影响企业出口增长二元边际，分析企业出口增长的集约边际和扩展边际随着主要城市PM2.5密度的增加如何变化，产品创新是否显著地降低东部、中部和西部地区主要城市PM2.5密度对企业出口的影响，这种影响在制造业企业和其他民营企业之间以及在制造业和服务业之间的效果是否均显著，解析主要城市PM2.5密度对企业出口增长的集约边际和扩展边际的负向影响是否具有动态性，探究PM2.5浓度影响出口增长的内在机制等，具有较强的创新性。

与已有文献相比，本书创新之处在于：首先，构建了一个包含主要城市PM2.5密度的异质性企业贸易理论模型，提出了企业出口扩展边际随着主要城市PM2.5浓度$e_{PM2.5}$的增加而不断减少，中国主要城市PM2.5浓度增加提高了企业出口的生产率门槛，降低了企业出口集约边际等命题，丰富了异质性企业贸易理论内涵。其次，发现PM2.5密度对出口增长的影响具有产业异质性、空间异质性和所有制异质性。再次，发现主要城市PM2.5密度对企业出口增长二元边际的负向影响具有动态性。具体来说，主要城市PM2.5密度对企业出口增长的集约边际和扩展边际的负向影响随着出口年份的到来而不断增强。最后，探究了PM2.5浓度影响出口增长的内在机制。我们认为，PM2.5浓度严重影响企业高层与员工身心健康，增加了员工生活成本和企业生产成本，制约了企业生产效率提升和出口竞争力增强。另一方面，PM2.5浓度不断加大破坏了优美宜居、舒适典雅、绿色健康的城市形象和崇商、重商、亲商、安商的人文环境，影响城市良好营商环境的塑造。这些结论均得到了实证结果的充分支持。

第二节 评述与改进之处

从南北贸易模型 NSM（Copeland, et al., 1994）、一般均衡模型 GEM（Antweiler, et al., 1998）、可计算的一般均衡模型 CGE（Dean, 2002）到投入产出模型 IOM（Machado, et al., 2001），这些研究成果为探究国际贸易与环境污染之间的内在关系提供了基本的分析框架（刘修岩，董会敏，2017）。学术界关于国际贸易与环境污染之间的关系研究已经持续了很长时间，总体来说，一方面研究贸易自由化带来的环境效应，另一方面研究了环境规制对进出口贸易的影响。

关于贸易自由化带来的环境效应方面的研究，迄今还没有形成统一的看法。一般来说，学界存在三种不同的观点。一是认为贸易自由化造成更为严重的环境污染。齐尔尼斯基（Chichilnisky）（1994）较为详细地分析了贸易自由化影响环境质量的内在机理。他认为，贸易自由化更容易诱导发展中国家以较低廉的价格和较高昂的环境成本出口环境密集型产品，有可能导致这些国家环境污染状况更加不容乐观。斯塔尔斯（Stahls）等（2011）将二氧化碳排放量作为环境污染的变量，结果发现，出口是芬兰环境污染不断恶化的重要诱因。崔（Cui）等（2015）利用投入产出测算中国国际贸易中隐含的能源量，认为中国如果提高能源密集型产业的出口关税率，那么将有效改善环境质量。黎（Le）（2016）利用PM10浓度实证分析贸易开放、环境质量与经济增长之间的关系，结果显示，贸易自由化导致全球环境质量持续恶化。代丽华（2017）基于淮河两岸供暖政策差异研究了贸易开放如何影响PM2.5，结果发现，PM2.5排放增加会导致实行新空气标准质量的74个城市外贸依存度显著降低，同样贸易开放会造成环境质量恶化，主要机制是污染行业出口。二是认为贸易开放有利于环境质量不断提升。安特维勒（Antweiler）等（2011）和格罗斯曼（Grossman）和克鲁格

（Krueger）（1991）认为，从局部来看，贸易自由化对环境的结构效应影响有限，但是从整体来看，贸易自由化对环境综合效应尤其是环境质量改善具有非常明显的效应。弗兰克尔（Frankel）和罗斯（Rose）（2005）利用地理开放度作为外贸依存度的工具变量，实证分析结果发现贸易自由化显著改善了环境质量。三是认为国际贸易对环境污染的影响存在不确定性。伦杰（Runge）（1994）和我国学者刘修岩和董会敏（2017）认为，货物贸易既能通过对资源消耗变动的作用而直接影响环境，也会作用于收入、国际专业化分工、技术法规而间接影响环境，这些影响究竟是积极还是消极取决于具体对象以及具体情形。格罗斯曼和克鲁格（1991）认为国际贸易对环境污染的影响存在异质性，更多取决于负的规模效应和正的基数效应之间的比较。马纳吉（Managi）等（2009）认为，环境与贸易开放之间的关系如何取决于污染物和国家特征。在经济合作与发展组织（OECD）国家，贸易开放能够减少 SO_2 和 CO_2 的排放，而在非 OECD 国家，污染物排放则会降低贸易开放度。刘修岩和董会敏（2017）认为，在省域层面，出口贸易开放对不同空气污染物的影响可能存在地区差异；重工业出口比重的增加带来了 PM2.5 和 SO_2 污染情况的加剧，而高技术产业出口则存在着缓解效应。索萨（Sousa）、赫林（Hering）和波塞特（Poncet）（2015）以人均 SO_2 排放量作为环境污染指标，利用 235 个城市 2003—2012 年面板数据，结果显示，外资企业加工贸易对环境污染较为显著的负效应，而内资企业和一般贸易活动对贸易污染的负效应不太显著。刘修岩和董会敏（2017）发现，在省域层面，出口贸易开放度对 PM2.5 平均浓度的影响并不显著，但对地均 SO_2 排放量却具有显著的正效应。

与前者一样，国内外学者对环境规制影响国际贸易进行较为详细的研究，可以归纳为以下三种观点：一是认为环境规制直接增加企业生产成本，无形中降低了企业在研发、销售、管理、创新等生产环节的投入比例，企业全要素生产率不断下降，离达到出口的生产率阈值越来越远，不利于企业出口（Christiansen, Haveman, 1981；Gray, Shadbegian, 1993）。赫林和波塞特（2014）在城市和产业层面探究了环境政策与产业出口之间的关系，结果发现，随着更为严格的环境政策的施行，产业部门出口随之减少。不过这种效应在民营企业表现更为突出，而国有企业则不太显著。列文森（Levinson）和泰勒（Taylor）（2008）理论上证明了环境规制与国际贸易流向之间存在污染避难所效应。任力和黄崇杰（2015）认为，在国家层面，中国的环境规制强度与出口贸易之间具有显著的负相关关系，环境规制强度越高，对出口贸易的负面影响越大。二是认为适度的环境规制有利于企业加大技术研发力度，提高技术创新绩效，通过"补偿效应"和"学习效应"促进企业全要素生产率提升，进而实现国际化经营（Ambec，et al.，2011；Greenstone，List，2012）。列文森和泰勒（2008）发现更高的环境规制标准已经导致美国增加了从墨西哥进口污染产业。三是认为环境规制并不能直接影响国际贸易，或者说，环境规制与国际贸易之间的关系是非线性的。王杰和刘斌（2014）发现环境规制与企业全要素生产率之间符合"倒 N 形"关系，即环境规制强度较弱时，企业环境成本较低，技术创新的动机不够，全要素生产率会降低；当环境规制提高到能够促进企业技术创新时，只要环境规制处于合理的范围内，就会促进企业全要素生产率的提高；但当环境规制强度超过了企业所能承受的负担，全要素生产率会下降。奥库伯（Okubo）等（2018）认为出口可以增强企业市场规模和市场份额，不断扩大的企业规模可以降低产品或服务平均碳含量或碳排放，不过碳排放与国际贸易之间的关系仍然是不确定的。

已有研究丰富了国际贸易学与环境经济学的理论内涵，对于推进外贸供给侧结构性改革、转变我国外贸增长方式、实现外贸可持续发展等具有重要的启示意义。不过，已有研究存在以下改进之处。第一，已有研究过于注重实证分析，缺乏较为系统的理论模型构建。已有研究采用不同来源的数据（宏观数据和维管束）和不同类型的方法进行实证分析，在得到显著性结果的同时也为争议的产生埋下了伏笔，根源在于缺乏一个令人信服的理论模型指引。第二，已有研究对于产业异质性、空间异质性和所有制异质性关注不够。我们发现，主要城市 PM2.5 密度对出口增长二元边际的异质性影响非常显著。第三，已有研究注重静态分析而忽视了动态变化。

已有研究大多采用截面数据或者面板数据进行实证分析，忽视了主要城市 PM2.5 密度影响出口增长二元边际的动态变化。我们发现，主要城市 PM2.5 密度对企业出口增长的集约边际和扩展边际的负向影响随着出口年份的到来而不断增强。第四，已有研究对于主要城市 PM2.5 密度影响出口增长二元边际的内在机制分析不够。我们发现，PM2.5 浓度影响出口增长的内在机制是企业生产成本和地区营商环境。

第三节　理论模型分析

正如上文所述，以往的研究成果大多是对简化式的回归方程进行经济计量分析，缺乏一个理论模型的指引，造成计量结果非常敏感，容易出现易波动、有偏误的估算结果，也不利于研究者作相应的比较静态分析（余淼杰，2009）。因此，在梅里兹（2003）、余淼杰（2009）、茹玉骢和李燕（2014）、梅里兹和雷丁（Redding）（2015）等研究成果的启发下，我们首先构建了一个改进的内含 PM2.5 浓度的异质性企业贸易模型。

一、消费者行为

与梅里兹（2003）和梅里兹和雷丁（2015）保持一致，我们用 $U = \left(\int_{m \in \varpi} q(m)^\rho dm \right)^{\frac{1}{\rho}}$ 表示代表性消费者使用的效用函数，其中，ϖ 表示代表性消费者消费的差异化产品（服务）的种类集合，$q(m)$ 表示商品需求函数，m 表示商品总类，消费者之间的替代弹性为 $\rho > 1$，且 $\eta/(\eta-1) = 1/\rho$。产品（服务）总的价格指数 $P = \left(\int_{m \in \varpi} p(m)^{1-\eta} dm \right)^{\frac{1}{1-\eta}}$，其中，价格函数 $p(m) =$

$Q\left[\dfrac{p(m)}{P}\right]^{-\eta}$，收益函数 $r(m) = R\left[\dfrac{p(m)}{P}\right]^{1-\eta}$，$R = PQ = \int_{m \in \varpi} r(m)\mathrm{d}m$，其中，$Q$ 为社会的总产量，R 为总收益。

二、国内企业行为

根据梅里兹（2003）的假设，劳动力是唯一的投入要素，工资单位简化为1，每个国内企业仅仅提供一种差异化产品，PM2.5 的排放增加了企业成本，假设企业边际成本随城市 PM2.5 浓度递增，如果企业通过产品创新，可以降低企业边际成本，但是增加企业的固定投入，则生产 q 单位商品企业的成本总成本 $l = f_d + f_{PM2.5} + f_k + qe_{PM2.5}/k\varphi$，其中 φ 是企业生产效率，f_d 是固定成本，f_k 是边际成本。根据梅里兹（2003），基于利润最大化，产品销售价格 $p(e_{PM2.5}) = e_{PM2.5}/\rho k\varphi$，城市 PM2.5 浓度对企业生成成本的影响 $e_{PM2.5} \in [\overline{e}_{PM2.5}, \underline{e}_{PM2.5}]$，其中，$0 < \overline{e}_{PM2.5} < \underline{e}_{PM2.5} < 1$，企业所产生的利润 $\pi(e_{PM2.5}) = \dfrac{R}{\varphi}(e_{PM2.5}/P\rho k\varphi) - f_d - f_{PM2.5} - f_k$。

三、出口企业行为

假设国内外市场具有相同的需求函数，企业出口固定成本 $f_{Ed}(e_{PM2.5})$ 以及 $f_{Ev}(e_{PM2.5})$ 均是城市 PM2.5 浓度的函数，且一阶导数 $f_E'(e_{PM2.5}) > 0$，二阶导数 $f_E''(e_{PM2.5}) < 0$。何等（2011）认为，企业出口的可变成本包括物流成本和商务成本，其中把所有的运输成本看作是物流成本，将其他非运输成本看作是商务成本。我们假设，出口企业的物流成本（运输成本）τ_t 随城市 PM2.5 浓度 $e_{PM2.5}$ 增加，一阶导数 $\tau_t'(e_{PM2.5}) > 0$，二阶导数 $\tau_t''(e_{PM2.5}) < 0$，而商务成本 τ_b 则不随城市 PM2.5 浓度 $e_{PM2.5}$ 变化。同时，我们假设，企业产品创新 k 可以降低城市 PM2.5 浓度 $e_{PM2.5}$ 对企业出口成本的影响，一阶导数 $k'(e_{PM2.5}) < 0$，二阶导数 $k''(e_{PM2.5}) > 0$，因此，企业出口产品（服务）的价格 $p(e_{PM2.5})$、出口利润 $\pi_E(e_{PM2.5})$、出口临界值 $\varphi^{\sigma-1}(e_{PM2.5})$ 的表达式如下：

$$p(e_{PM2.5}) = \frac{\left[\dfrac{R}{\sigma}\left(\dfrac{kP\sigma\rho}{e_{PM2.5}(\tau_t+\tau_b)}\right)^{\sigma-1} - f_E\right] \times e_{PM2.5}}{k\rho\varphi} \qquad (7\text{-}1)$$

$$\pi_E(e_{PM2.5}) = \frac{R}{\sigma}\left(\frac{kP\sigma\rho}{e_{PM2.5}(\tau_t+\tau_b)}\right)^{\sigma-1} - f_E(e_{PM2.5}) \qquad (7\text{-}2)$$

$$\varphi^{\sigma-1}(e_{PM2.5}) = \frac{\sigma f_E}{R(P\rho)^{\sigma-1}}\left[\frac{k(\pi_t+\pi_b)}{e_{PM2.5}}\right]^{\sigma-1} \qquad (7\text{-}3)$$

首先考察主要城市 PM2.5 浓度 $e_{PM2.5}$ 对于企业出口密集度 ξ_E 的影响。根据前文分析可得

$$\xi_E = \frac{q_E}{q_D+q_E} = \frac{1}{\left[1+(\tau_t+\tau_b)^\sigma\right]} \qquad (7\text{-}4)$$

由于商务成本 τ_b 不随城市 PM2.5 浓度 $e_{PM2.5}$ 变化，$\tau_t'(e_{PM2.5})>0$，$\tau_t''(e_{PM2.5})<0$，$\sigma>1$，说明企业出口密集度 ξ_E 随着主要城市 PM2.5 浓度 $e_{PM2.5}$ 的增加而不断减少。由此得到命题一。

命题一：企业出口扩展边际随着主要城市 PM2.5 浓度 $e_{PM2.5}$ 的增加而不断减少。

接下来考察主要城市 PM2.5 密度对出口可能性的影响。由于 $f_E'(e_{PM2.5})<0$，$f_E''(e_{PM2.5})>0$，$\tau_t'(e_{PM2.5})>0$，$\tau_t''(e_{PM2.5})<0$，$k'(e_{PM2.5})<0$，$k''(e_{PM2.5})>0$，因此，$\dfrac{\partial \ln \varphi^{\sigma-1}}{e_{PM2.5}}>0$，即说明随着主要城市 PM2.5 浓度增加，企业临界出口生产率 φ 不断增加，越来越多的国内企业难以出口，企业出口比例越来越少。因此得到命题二。

命题二：中国主要城市 PM2.5 浓度增加提高了企业出口的生产率门槛，降低了企业出口集约边际。

产品创新通过改善或者优化产品内涵，增加产品内在技术含量和适用性，降低企业边际生产成本，增加企业参与出口和进入国际市场的可能性，同时企业出口也进一步影响着企业产品创新活动（Aghion, Bergeaud, Lequien, Melitz, 2018）。随着产品创新的不断提高，主要城市 PM2.5 浓度

$e_{PM2.5}$ 对出口参与度和出口密集度的影响程度屈居于产品创新 k 的出口促进效应与 PM2.5 浓度 $e_{PM2.5}$ 的出口抑制效应之间的权衡与比较，因此，主要城市 PM2.5 浓度 $e_{PM2.5}$ 与企业产品创新的交互作用对企业出口参与度和出口密集度的影响是不确定的。由此得到命题三：

命题三：主要城市 PM2.5 浓度 $e_{PM2.5}$ 与企业产品创新的交互作用对企业出口参与度和出口密集度的影响是不确定的。

第四节 理论模型、数据来源与指标测算

一、计量模型的设定

我们重点考察中国主要城市 PM2.5 密度影响出口竞争力的异质性关系，因此，根据上述理论模型和格雷（Gray）和沙德贝吉（Shadbegian）（1993）、列文森和泰勒（2008）的研究成果，构建计量模型：

$$\text{Export}_{ijkt} = \alpha_0 + \alpha_1 \text{PM}_{2.5,kt} + \beta X_{ijkt} + v_j + \lambda_k + \varepsilon_{ijkt} \quad (7-5)$$

其中，式（7-5）中控制变量 X_{ijkt} 的集合为

$$X_{ijkt} = \gamma_1 \text{TFP}_{ijkt} + \gamma_2 \text{Inno}_{ijkt} + \gamma_3 \text{Age}_{ijkt} + \gamma_4 \text{Email}_{ijkt} + \gamma_5 \text{Inform}_{ijkt} + \gamma_6 \text{Business}_{ijkt}$$

$$(7-6)$$

考虑到前期的 PM2.5 密度可能影响当期的出口竞争力，我们在式（7-5）的基础上添加主要城市 PM2.5 密度的两期滞后项：

$$\text{Export}_{ijkt} = \alpha_0 + \alpha_1 \sum_{n=0}^{2} \text{PM}_{2.5,k,t-n} + \beta X_{ijkt} + v_j + \lambda_k + \varepsilon_{ijkt} \quad (7-7)$$

为了检验主要城市 PM2.5 浓度 $e_{PM2.5}$ 与企业产品创新的交互作用对企业出口竞争力的影响，在（7-7）的基础上添加交互项：

$$\text{Export}_{ijkt} = \alpha_0 + \alpha_1 \sum_{n=0}^{2} \text{PM}_{2.5,k,t-n} + \beta X_{ijkt} + \xi \text{PM}_{2.5,kt} \times \text{Inno}_{ijkt} + v_j + \lambda_k + \varepsilon_{ijkt}$$

$$(7-8)$$

二、数据来源

世界银行中国企业微观数据库是世界银行从基本情况、基础设施、市场竞争等方面，采用分层抽样方法，对中国的2700个民营企业（1692家制造业企业、1008家服务企业）和148家国有企业进行了调查，所有调查问题截至当年年底。所涉及的企业微观样本数据包括企业对出口规模、出口决策、企业规模、信息化程度、技术创新、城市营商环境等主要指标，数据范围覆盖我国东、中、西部的25个城市❶和27个大类行业。根据已有研究成果，我们对微观样本数据进行了筛选，主要依据是①删去了员工数量小于5的企业样本；②删去了在问卷调查中回答"没有回答"（Do Not Apply）或者"不知道"（Do Not Know）或者回答结果是空白的企业样本。

我们所采用的中国主要城市PM2.5浓度源数据来源于哥伦比亚大学国际地球科学信息网络中心（CIESIN）所属的社会经济数据和应用中心（SEDAC）发布的相关数据，该数据以卫星搭载的中分辨率成像光谱仪（MODIS）和多角度成像光谱仪（MISR）测算得到的气溶胶光学厚度（AOD）为基础，被转化为栅格数据形式的全球PM2.5浓度的监测数据。

三、指标测算

企业出口竞争力的度量。企业出口竞争力是企业的技术水平、市场规模、国际化经营等综合体现，主要体现在企业的出口比例（扩展边际）和出去决策（集约边际）。国内外学者选择不同方法测算出口二元边际对出口增长的边际贡献，例如阿米蒂和弗伦德（2010）采用中国的HS-8位码出口产品数据进行二元边际分解，结果发现集约边际对中国出口增长的贡献超

---

❶ 25个城市分别是合肥、北京、广州、深圳、佛山、东莞、石家庄、唐山、郑州、洛阳、武汉、南京、无锡、苏州、南通、沈阳、大连、济南、青岛、烟台、上海、成都、杭州、宁波和温州。

过 70%。李坤望（2008）利用 1995—2004 年中国总体出口的 HS-6 位码产品贸易数据发现有几个月边际贡献率高达 94%。已有文献既说明了出口增长二元边际的测算至今还没有形成共识，又说明了出口增长二元边际对出口贸易增长和出口贸易竞争力的重要性。我们依据世界银行中国企业微观数据库，选择出口比例近似衡量出口扩展边际，选择出口决策近似衡量出口集约边际。

PM2.5 浓度的度量。目前，关于环境污染的经济效应还存在争议，对经济污染的测度也还没有形成较为统一的做法。部分成果利用人均收入水平作为环境污染的代理变量（Mani，Wheeler，1998），利用治理污染的总投入与工业产值的比值测算环境污染（张成等，2011），还有部分学者利用国家出台环境规制政策的多少近似测算环境污染指标。这些指标仅从某一个方面尝试测算空气污染，不具有代表性（王杰，刘斌，2016），可能造成回归结果偏误和政策建议的误导。我们借鉴科尔（Cole）和埃利奥特（Elliott）（2003）和列文森（1996）的做法，选择我国 25 个代表性城市 PM2.5 连续四年的排放平均值和总值作为环境污染的代理变量，主要原因是，一是测算较为合理。中国生产所导致的 PM2.5 排放占据整个排放量的 2/3（Lin，et al.，2014），利用连续四年的 PM2.5 密度在很大程度上能够准确测算空气污染对出口竞争力的动态影响。二是综合性较强。我们选择的 25 个主要城市，既有东部地区，还有中部和西部地区，既有经济发达城市，还有经济发展适中城市和欠发达城市，既有中央直辖市，还有副省级城市、计划单列市和一般城市，样本容量较大，综合性较强。三是突出动态变化。已有成果重点探究环境规制对国际贸易的内在机理、内在机制等，而忽视了影响的动态变化。我们选择我国 25 个代表性城市 PM2.5 连续四年的排放平均值和总值作为解释变量，便于其对国际贸易的动态影响和变化。具体来说，考虑到 PM2.5 密度对出口竞争力的影响可能存在一定的时间滞后，我们分别选取滞后二年、滞后一年、当年全国主要城市 PM2.5 密度的平均值作为主要解释变量，同时选择四年全国主要城市 PM2.5 密度的总值做稳健性分析。

另外，为了估计结果稳健，我们选取了如下控制变量：①企业生产率。我们利用企业相对规模近似衡量企业生产率。"熊彼特假说"认为，企业规模与技术创新能力及生产率紧密联系，企业规模越大，技术创新能力越强，企业生产率越高，而企业规模较小的企业无法摊平各种费用和成本，因此创新能力较弱，生产率水平较低。②企业年龄。企业生存时间越长，有可能拥有更多生产经营经验和技术创新知识积累，越有可能参与出口贸易，用2012年与企业成立年份之间的差额表示。③信息化。用三年前员工运用电脑的比例表示。④电子商务。用企业业务利用电子邮件与顾客沟通的比例表示。⑤产品创新。用三年前企业是否进行了产品创新表示。⑥城市营商环境。用社会环境和制度环境的企业经营活动的影响程度表示。另外，我们还控制了地区变量、产业变量和所有制变量等，其主要变量的统计性描述如表7-1所示。

表7-1 主要变量的统计性描述

变量	平均值	标准差	最小值	最大值	样本数
出口比例	0.1079	0.2462	0.0000	1.0000	2815
出口决策	0.0973	0.2964	0.0000	1.0000	2816
滞后二年企业所在城市PM2.5平均值	3.8573	0.2585	3.1886	4.2169	2815
滞后二年企业所在城市PM2.5总值	12.8547	0.6365	10.9906	13.7091	2815
滞后一年企业所在城市PM2.5平均值	3.8437	0.2585	3.2038	4.2927	2815
滞后一年企业所在城市PM2.5总值	12.8409	0.6700	10.8744	13.6516	2815
当年企业所在城市PM2.5平均值	3.7893	0.2839	3.0106	4.1976	2815
当年企业所在城市PM2.5总值	12.7865	0.6902	10.8111	13.6340	2815

续表

变量	平均值	标准差	最小值	最大值	样本数
企业生产率	4.2112	1.3778	1.7918	10.8198	2815
信息化	0.1613	0.0791	0.0000	0.5500	2815
企业年龄	18.7236	9.0869	5.0000	139.0000	2815
电子商务	0.8682	0.3383	0.0000	1.0000	2815
城市行政级别	0.5954	0.5896	0.0000	2.0000	2815
基础设施	1.3083	1.6983	0.0000	12.0000	2815
社会环境	2.2309	2.7592	0.0000	20.0000	2815
要素市场	2.7609	2.3741	0.0000	15.0000	2815
制度环境	2.3876	2.5593	0.0000	15.0000	2815
产品创新	0.3211	0.4670	0.0000	1.0000	2815
地区哑变量	0.6661	0.4717	0.0000	1.0000	2815
产业哑变量	1.7233	0.9318	1.0000	3.0000	2815
所有制哑变量	0.0208	0.1428	0.0000	1.0000	2815

第五节 模型估计与实证分析

一、基本估计结果

表 7-2 和表 7-3 分别报告了采用传统回归模型对式（7-5）、式（7-6）和式（7-7）估计得到的结果，其中被解释变量是企业出口比例，而解释变量分别是滞后二年、滞后一年、当年各主要城市 PM2.5 密度的平均值。首先，从估计结果可以看出，各主要城市 PM2.5 密度的估计系数均通

过了显著性检验,均在1%的显著性水平上不同程度地负向影响出口扩展边际,说明了企业出口密集度随着主要城市PM2.5密度的增加而不断减少,符合我们的预期,验证了命题一的正确性,这些结论与克里斯蒂安森(Christiansen)和哈夫曼(Haveman)(1981)、格雷和沙德贝吉(1993)、列文森和泰勒(2008)、赫林和波塞特(2014)、任力和黄崇杰(2015)、王杰和刘斌(2016)等研究成果保持一致。异质性企业贸易理论认为,只有生产率较高的企业才能克服各种贸易成本主动参与出口,而主要污染物的持续排放容易导致企业高层和员工引入过多颗粒物或者颗粒物中含有有毒有害成分,不仅造成焦虑、紧张、保守、压抑等悲观情绪,而且有可能出现免疫功能障碍和引发各种类型传染病,严重损害企业员工的健康身体,同时有可能影响社会稳定秩序和企业营商环境,间接导致偷盗、抢劫、抢夺、扒窃及诈骗等犯罪案件的增加,无形中加大企业经营成本,降低企业员工创新的积极性和激情热情,增加企业超越出口生产率阈值的难度。在一定程度上,我们的结论无疑为异质性企业贸易理论提供了有力支撑,也印证了近些年我国政府开展中央环保督查巡视及回头看和公开全国所有地级市、每小时实时发布PM2.5数据等政策举措的正确性。

表7-2 中国主要城市PM2.5浓度影响企业竞争力的实证结果

模型变量	(1)	(2)	(3)	(4)	(5)	(6)
APM2.5	−0.0457** (−2.19)	−0.0775*** (−3.96)	−0.0808*** (−4.37)	−0.0808*** (−4.37)	−0.0902*** (−4.26)	−0.0848*** (−4.26)
产品创新	0.2479 (1.51)	0.3712*** (2.34)	0.3602** (2.38)	0.3602*** (2.38)	0.3307** (2.08)	0.3277** (2.06)
APM2.5* 产品创新	−0.0542 (−1.29)	−0.0867** (2.14)	−0.0786** (−2.01)	−0.0786** (−2.01)	−0.0717* (−1.71)	−0.0771* (−1.84)
企业生产率	0.0209*** (5.78)	0.0211*** (5.87)	0.0211*** (5.72)	0.0211*** (5.72)	0.0213*** (5.76)	0.0200*** (5.49)
信息化			0.1612** (2.48)	0.1612** (2.48)	0.1503** (2.33)	0.1421** (2.20)

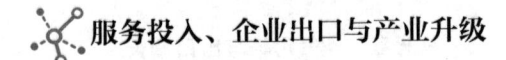

续表

模型变量	(1)	(2)	(3)	(4)	(5)	(6)
企业年龄	-0.0011** (-2.12)	-0.0012** (-2.17)	-0.0016*** (-2.81)	-0.0016** (-2.35)	-0.0016*** (-2.82)	-0.0015*** (-2.71)
电子商务	0.0409*** (3.72)	0.0434*** (3.91)	0.0462*** (4.14)	0.0462*** (4.14)	0.0472*** (4.21)	0.0453*** (4.05)
制度环境	0.0039*** (5.78)	0.0040** (1.99)	0.0037* (1.86)	0.0037* (1.86)	0.0040** (1.99)	0.0041*** (2.05)
地区哑变量	Yes	Yes	Yes	Yes	Yes	Yes
产业哑变量	Yes	No	Yes	No	Yes	No
常数项	0.1675** (2.02)	0.2934*** (3.66)	0.2275*** (3.21)	0.2275*** (3.21)	0.2522*** (3.36)	0.2881*** (3.76)
Observation	2815	2815	2815	2815	2815	2815
R^2	0.0686	0.0773	0.0742	0.0742	0.0743	0.0794

注：***、**、*分别表示在1%、5%、10%的水平上显著；括号内数字是T统计量。

其次，分析主要城市PM2.5密度影响出口竞争力的动态变化。如表7-2第（1）行所示，我们发现，PM2.5密度平均值的估计系数均为负，且均在1%检验水平上显著，且主要城市PM2.5密度对出口竞争力的影响在不同年份具有非常显著的异质性。具体来说，滞后二年主要城市PM2.5平均密度每增加1%，企业出口增长的扩展边际平均减少4.57%至4.88%；滞后一年主要城市PM2.5平均密度每增加1%，企业出口增长的扩展边际平均减少7.73%至7.97%；当年主要城市PM2.5平均密度每增加1%，企业出口增长的扩展边际平均减少8.08%至9.02%；2012年主要城市PM2.5平均密度每增加1%，企业出口增长的扩展边际平均减少8.48%至9.59%，充分说明主要城市PM2.5密度对出口竞争力的影响作用在不同年份是不同的，离企业出口越近的年份主要城市PM2.5密度对出口竞争力的影响作用更为明显。这一结论与邱（Qiu）等（2018）、王杰和刘斌（2016）保持一致。"波特假说"（porter hypothesis）认为，高效的环境规制激励企业加大技术创新投入，促进和提升技术创新绩效，有可能提高环境规制的行业或企业生产效率和增加行业或企业的平均利润水平。邱等（2018）引入企业异质性和一般均衡分析，认为环境规制尽管可能引起企业创新的不同行为反应，不过更加严格的环境管制通过鼓励企业进入和退出而优化行业企业构成，很有可能提高整个行业平均生产率水平。王杰和刘斌（2016）发现，环境规制对企业出口具有显著的促进作用，并且能够有效提高出口产品的质量和价格，而对出口数量和产品种类的作用恰恰相反。不过，邱等（2018）和王杰和刘斌（2016）并没有探究环境规制政策对企业出口和技术创新的时间效应。我们认为，主要城市 PM2.5 密度对出口竞争力的影响存在年份效应，随着出口年份的到来，主要城市 PM2.5 密度对出口竞争力的影响作用更加显著。另外，我们发现，主要城市 PM2.5 浓度与企业产品创新的交互作用对企业出口参与度和出口密集度的影响是不确定的，印证了命题三的正确性。

对于其他影响企业出口竞争力的影响因素，本书实证研究结果表明，企业生产率估计系数为正，且在 1% 的统计水平上显著，且具有较强的稳健性，这一结果与梅里兹（2003）模型的判断保持一致，即生产率越高的企业越容易出口。产品创新估计系数为正，且在1% 的统计水平上显著，且具有较强的稳健性，这一结果与格林斯通（Greenstone）和李斯特（List）（2012）、阿吉翁（Aghion）等（2018）的研究结论保持一致，也印证了"波特假说"（porter hypothesis）的正确性。主要城市 PM2.5 密度的不断增加，增加企业生产成本和交易成本，降低了企业产品质量和企业生产效率，为了保持或者扩大企业产品市场规模和增强企业国内国际产品竞争力，迫使企业加大技术研发力度，通过引进新产品或新技术，实现产品创新、流程创新和组织创新等，通过"补偿效应"和"学习效应"促进企业全要素生产率提升，从而企业实现国际化市场参与。信息化估计系数为正，且在5%的统计水平上显著，且具有较强的稳健性，这一结果与维穆里（Vemuri）和西迪基（Siddiqi）（2009）、蔡（Choi）（2010）、刘（Liu）和纳斯（Nath）（2012）的研究结论保持一致，也印证了我国近些年不断推进工业化信息化智能化深度融合发展规划的正确性。电子商务估计系数为正，且在1%的统计水平上显著，且具有较强的稳健性，这一结果与赵和坦苏哈吉（2011）、奥尔森等（2013）、王智新（2015）的研究结论保持一致。赵和坦苏哈吉（2011）认为，电子商务效率更高、费用更低、市场反应更灵敏，能够克服时间、空间、语言和习惯等带来的跨境贸易障碍。奥尔森等（2013）认为，信息技术为贸易中介提供了发展的新平台，传统贸易中介和新型贸易中介可以相互促进，共同演化。王智新（2015）发现，电子商务分别显著地影响我国服务企业的出口选择、出口总额和出口强度。以制度环境为代表的营商环境估计系数为正，且在5%的统计水平上显著，且具有较强的稳健性，这一结果与托马斯（Thomas）等（2017）等研究结论保持一致。托马斯等（2017）发现，位于落后地区的企业如果当地营商环境不太理想将影响企业销售业绩和销售利润率的稳步提高，他们建议，经济欠发达地区不断优化地区营商环境，有利于企业经营业绩大幅提高和地区经济快速发展。

二、稳健性分析

为了检验回归结果的稳健性，本书分别利用替换关键变量、变换回归模型和调整回归样本等进行回归分析。

（一）替换关键变量

为了检验回归结果的稳健性，本书分别利用当年主要城市PM2.5总值和滞后一年的主要城市PM2.5总值，替代前文回归模型中的核心解释变量主要城市PM2.5密度（APM2.5），回归结果见表7-3。如表7-3第（1）行所示，本书发现，主要城市PM2.5密度总值的估计系数均为负，且均在5%检验水平上显著，且主要城市PM2.5密度对出口竞争力的影响在不同年份具有非常显著的异质性。具体来说，滞后一年主要城市PM2.5密度总值每增加1%，企业出口增长的扩展边际平均减少2.35%至2.49%；当年主要城市 PM2.5 密度总值每增加 1%，企业出口增长的扩展边际平均减少 3.15% 至 3.24%。同时，本书发现，与主要城市 PM2.5 密度平均值一样，主要城市 PM2.5 密度总值对企业竞争力的影响随着出口年份的不断临近而逐渐增强。

表 7-3　中国主要城市 PM2.5 浓度影响企业竞争力的实证结果

模型变量	滞后一年		当年	
	（1）	（2）	（3）	（4）
SPM2.5	-0.0249** (-2.57)	-0.0235** (-2.42)	-0.0324** (-4.07)	-0.0315** (-3.98)
产品创新	0.2608 (1.25)	0.2733 (1.32)		
企业生产率	0.0195*** (5.66)	0.0183*** (5.26)	0.0196** (5.69)	0.0184** (5.29)
信息化	0.0832 (51.34)	0.0824 (51.33)	0.0825** (1.32)	0.0816** (1.31)
电子商务		0.0398*** (3.63)		0.0398** (3.62)
地区哑变量	Yes	Yes	Yes	Yes
产业哑变量	Yes	Yes	Yes	Yes
Observation	2815	2815	2815	2815
R^2	0.0636	0.0665	0.0632	0.0660

注：***、**、* 分别表示在 1%、5%、10% 的水平上显著；括号内数字是 T 统计量。

（二）变换回归模型

为了进一步检验回归结果的稳健性，本书引进出口虚拟变量，如果当年出口比例达到或超过 50%，那么出口虚拟变量为 1，反之，出口虚拟变量则为 0。选择二值选择模型实证主要城市 PM2.5 浓度影响企业出口决策，并利用 Stata15 计算所有解释变量在样本均值处的边际效应，回归结果见表

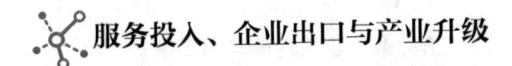

7-4。如表 7-4 第（1）行所示，本书发现，主要城市 PM2.5 密度平均值的估计系数均为负，且均在 1% 检验水平上显著，说明随着主要城市 PM2.5 浓度增加，企业临界出口生产率不断增加，中国主要城市 PM2.5 浓度增加提高了企业出口的生产率门槛，越来越多的国内企业难以出口，降低了企业参与出口可能性，企业出口比例越来越少，符合我们的预期，验证了命题二的正确性。

表 7-4　中国主要城市 PM2.5 浓度影响企业出口决策的实证结果

模型变量	（1）	（2）	（3）	（4）
APM2.5	−0.0722*** （−4.46）	−0.0754*** （−4.63）	−0.0777*** （−4.75）	−0.0784*** （−4.83）
企业生产率	0.0152*** （4.95）	0.0171*** （5.17）	0.0129*** （3.95）	0.0154*** （4.64）
信息化		0.1328* （1.94）	0.0567 （0.89）	0.1244* （1.85）
企业年龄		−0.0024*** （−2.73）		−0.0023** （−2.65）
电子商务			0.0540*** （2.85）	0.0512*** （2.74）
地区哑变量	Yes	Yes	Yes	Yes
产业哑变量	Yes	Yes	Yes	Yes
Observation	2815	2815	2815	2815

注：估计系数为所有解释变量在样本均值处的边际效应（dy/dx）；***、**、* 分别表示在 1%、5%、10% 的水平上显著；括号内数字是 T 统计量。

（三）调整回归样本

为了检验回归结果的稳健性，本书把前 5% 的样本数据和后 5% 的样本数据进行适当调整，并进行中国主要城市 PM2.5 浓度影响企业竞争力的实证分析，回归结果见表 7-5，其中回归结果第（1）列至第（3）列代表滞后一年主要城市 PM2.5 密度,而第(4)列至第(6)列代表当年主要城市 PM2.5 密度,另外,第(1)列和第(4)列代表相应年份主要城市 PM2.5 密度平均值对出口扩展边际的影响,第(2)列和第(5)列代表相应年份主要城市 PM2.5 密度平均值对出口集约边际的影响,第(3)列和第(6)列代表相应年份主要城市 PM2.5 密度总值对出口扩展边际的影响。

表 7-5 中国主要城市 PM2.5 浓度影响企业竞争力的实证结果

模型变量	滞后一年			当年		
	(1)	(2)	(3)	(4)	(5)	(6)
PM2.5	−0.0831*** (−4.19)	−0.0962*** (−4.12)	−0.0228** (−2.35)	−0.0778*** (−4.23)	−0.0876*** (−4.01)	−0.0232** (−2.53)
产品创新	0.3987** (2.54)	0.4991*** (2.53)	0.2775 (1.34)	0.3656*** (2.43)	0.4750*** (2.50)	0.2584 (1.29)
PM2.5×产品创新	−0.0934** (−2.34)	−0.1234** (−2.47)	−0.0189 (−1.17)	−0.0857** (−2.21)	−0.1185** (−2.43)	−0.0174 (−1.11)
企业生产率	0.0201*** (5.51)	0.0185*** (4.25)	0.0202*** (5.52)	0.0198*** (5.44)	0.0182*** (4.18)	0.0201*** (5.50)
企业年龄	−0.0016*** (−2.74)	−0.0022*** (−3.27)	−0.0013** (−2.32)	−0.0015*** (−2.74)	−0.0022*** (−3.26)	−0.0013** (−2.32)
信息化	0.1555** (2.41)	0.1605** (1.98)	0.1252* (1.95)	0.1629** (2.51)	0.1692** (2.08)	0.1279** (1.98)
电子商务	0.0440*** (3.96)	0.0382*** (2.91)	0.0385*** (3.50)	0.0452*** (4.05)	0.0395*** (2.99)	0.0389*** (3.53)
地区哑变量	Yes	Yes	Yes	Yes	Yes	Yes
产业哑变量	Yes	Yes	Yes	Yes	Yes	Yes
Observation	2815	2815	2815	2815	2815	2815
R^2	0.0777	—	0.0686	0.0780	—	0.0688

注:***、**、* 分别表示在 1%、5%、10% 的水平上显著;括号内数字是 T 统计量;第(2)列和第(5)列中估计系数为所有解释变量在样本均值处的边际效应($\mathrm{d}y/\mathrm{d}x$)。

如表7-5第（1）行所示，无论解释变量是主要城市 PM2.5 密度平均值还是总值，无论被解释变量是出口增长的扩展边际还是集约边际，无论年份是滞后一年还是当年，主要城市 PM2.5 密度影响出口竞争力的估计系数均为负，且均显著，充分说明了主要城市 PM2.5 浓度增加，企业临界出口生产率不断增加，越来越多的企业因无法克服不断增加的各种出口成本而停留在国内生产经营，企业出口比例不断降低。

三、实证结论的进一步分析

上文在总体上分析了主要城市 PM2.5 密度显著负向影响出口竞争力，但是并没有对不同样本进行讨论，下面本书在地区层面、行业层面和所有制层面等进行了进一步讨论。

（一）地区层面

首先，本书把所有样本按照地区细分为东部地区和中西部地区，讨论上文回归结果是否因地区差异而有所改变，具体结果见表7-6。

表7-6 中国主要城市 PM2.5 浓度影响企业竞争力的实证结果

模型变量	中西部			东部		
	（1）	（2）	（3）	（4）	（5）	（6）
PM2.5	-0.1157*** (-3.0216)	-0.0965*** (-3.2179)	-0.1168** (-3.0420)	-0.0699*** (-2.6579)	-0.1052*** (-4.6683)	-0.0771** (-2.8985)
产品创新	-0.1545 (-0.6441)		-0.1231 (-0.5139)	0.4796*** (2.6572)		0.4556*** (2.5262)
PM2.5 × 产品创新	0.0354 (0.2805)		0.0345 (0.5657)	-0.1057** (-2.2318)		-0.0958** (-2.0250)
企业生产率	0.01918*** (3.8550)	0.0168*** (3.3137)	0.0202*** (3.8693)	0.0205*** (4.6304)	0.0231*** (5.1574)	0.0216*** (4.6344)

续表

模型变量	中西部			东部		
	（1）	（2）	（3）	（4）	（5）	（6）
信息化		0.1660** （1.7630）	0.2684*** （2.72153）		0.0710 （0.9474）	0.0828 （1.0623）
企业年龄			−0.0022*** （−3.4015）			−0.0011* （−1.3252）
电子商务			0.0428** （1.97163）			0.0481*** （2.83353）
地区哑变量	No	No	No	No	No	No
产业哑变量	Yes	Yes	Yes	Yes	Yes	Yes
城市哑变量	Yes	Yes	No	Yes	Yes	No
Observation	933	934	931	1868	1866	1866
R^2	0.0451	0.0472	0.0535	0.0778	0.0622	0.0842

注：***、**、* 分别表示在1%、5%、10%的水平上显著；括号内数字是T统计量。

如表7-6第（1）行所示，主要城市PM2.5密度的估计系数依然为负，且均显著，再次说明PM2.5密度显著负向影响出口竞争力。从地区层面来看，东部主要城市PM2.5密度总值每增加1%，企业出口增长的扩展边际平均减少6.99%至10.52%，而中西部主要城市PM2.5密度总值每增加1%，企业出口增长的扩展边际平均减少9.65%至11.68%，说明中西部PM2.5密度对出口竞争力的影响要比东部更为显著。

（二）产业层面

根据世界银行微观数据库的分类标准，本书把全部样本细分为制造业、零售业和其他服务业，进一步讨论上文回归结果是否在产业层面有所改变，回归结果见表7-7。

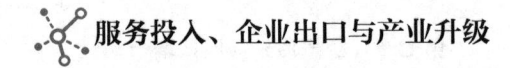

表 7-7 中国主要城市 PM2.5 浓度影响企业竞争力的实证结果

模型变量	制造业		零售业		其他服务业	
	（1）	（2）	（3）	（4）	（5）	（6）
PM2.5	−0.1285*** (−5.3490)	−0.1072*** (−3.1667)	−0.1175** (−2.605)	−0.1254*** (−2.3667)	−0.0398* (−1.4692)	−0.0383* (−1.814)
产品创新	0.0398*** (3.0955)	0.2867* (1.5834)				
PM2.5 × 产品创新		−0.0662* (−1.4062)				
企业生产率	0.0320*** (6.6141)	0.0334*** (6.6087)	0.0104 (0.8753)	0.0022 (0.1733)	−0.0025 (−0.5247)	−0.0052 (−1.018)
信息化		0.2431*** (2.8564)		0.0524 (0.2343)		−0.0030 (−0.0340)
企业年龄		−0.0030*** (−4.0765)		0.0039** (1.7147)		0.0008 (1.044)
电子商务		0.0440*** (2.0474)		0.0260 (0.7249)		0.0495*** (2.9528)
地区哑变量	Yes	Yes	Yes	Yes	Yes	Yes
产业哑变量	No	No	No	No	No	No
城市哑变量	Yes	Yes	Yes	Yes	Yes	Yes
Observation	1713	1709	151	148	935	932
R^2	0.0647	0.0791	0.0521	0.0779	0.0044	0.0147

注：***、**、* 分别表示在1%、5%、10%的水平上显著；括号内数字是 T 统计量。

如表 7-7 第（1）行所示，无论是制造业、零售业还是其他服务业，主要城市 PM2.5 密度的估计系数依然为负，且均在 10% 检验水平上显著，充分说明了本书的结论具有很强的稳健性。具体来说，主要城市 PM2.5 密度总值每增加 1%，制造业（食品加工业、烟草加工业、化工制造业等）企业出口增长的扩展边际平均减少10.72%至12.85%，零售业企业出口增长的扩展边际平均减少11.75%至12.54%，而其他服务业（包括批发服务业、信息服务业、餐饮服务业、车辆服务业和交通服务业等）则为3.83%至3.98%，说明制造业和零售业PM2.5密度对出口竞争力的影响比其他服务业更加严重，政府在制定环境规制政策时需要考虑行业之间的差异。王杰和刘斌（2014）认为，目前中国环境规制水平整体较低，只有少数重度污染行业突破了第一个拐点，其他行业仍位于第一个拐点之前，企业技术创新动力不够。

（三）所有制层面

根据世界银行微观数据库的分类标准，本书把全部样本细分为国有企业和民营企业，进一步讨论上文回归结果是否在所有制层面有所改变，回归结果见表7-8。

表7-8　中国主要城市PM2.5浓度影响企业竞争力的实证结果

模型变量	民营企业			国有企业		
	（1）	（2）	（3）	（4）	（5）	（6）
PM2.5	−0.0234** （−1.6989）	−0.0222*** （−1.6236）	−0.0271** （−1.9695）	0.0357 （0.9278）	0.0399 （1.0120）	0.0427 （1.0637）
产品创新	0.4405*** （4.7993）	0.4401*** （4.7976）	0.4278*** （4.6628）	−0.1228 （−0.6202）	−0.1172*** （−0.6002）	−0.1055 （−0.5255）
PM2.5 × 产品创新	−0.1003*** （−4.2180）	−0.1000*** （−4.2179）	−0.0977*** （−4.1089）	0.0324 （0.6116）	0.0312 （0.5978）	0.0283 （0.5260）
企业生产率	0.0153*** （6.9267）		0.0152*** （6.6792）	−0.0024 （−0.4820）		−0.0022 （−0.4251）
信息化	0.0324 （0.8580）		0.0502 （1.2779）	0.0272 （0.3362）		0.0111 （0.1259）
企业年龄		0.0165*** （7.3412）	−0.0005* （−1.4999）		−0.0025 （−0.5015）	0.0004 （0.5350）

续表

模型变量	民营企业			国有企业		
	（1）	（2）	（3）	（4）	（5）	（6）
电子商务			0.0260*** (3.0175)			−0.0113 (−0.4749)
地区哑变量	Yes	Yes	Yes	Yes	Yes	Yes
产业哑变量	Yes	Yes	Yes	Yes	Yes	Yes
城市哑变量	Yes	Yes	Yes	Yes	Yes	Yes
Observation	2668	2668	2666	129	129	127
R^2	0.1100	0.1103	0.1139	0.0440	0.0458	0.0476

注：***、**、* 分别表示在1%、5%、10% 的水平上显著；括号内数字是T统计量。

如表7-8第（1）行所示，以民营企业为样本的PM2.5密度的估计系数依然为负，且在5%的检验水平上显著，而对国有企业则不太显著，说明主要城市PM2.5密度对民营企业出口竞争力影响更加显著。是不是主要城市PM2.5密度对国有企业出口竞争力没有影响呢？本书认为，相比较民营企业而言，国有企业占有更多政治资源和社会资源，更有可能从政府拿到更多财政性补贴和享受更多政策优惠，能够弥补PM2.5密度对企业产品（或服务）质量或价格的冲击，造成企业技术创新动力不足、生产效率较低和市场资源闲置浪费。从表7-8中我们可以看到，民营企业PM2.5与产品创新的交叉项的估计系数为负，说明随着民营企业产品创新绩效不断提高，主要城市PM2.5密度对民营企业出口竞争力的负向影响会逐步减弱，具体来说，民营企业产品创新绩效每提高1%，主要城市PM2.5密度对民营企业出口竞争力的负向影响会减弱9.77%至10.03%，而国有企业产品创新绩效的提高与PM2.5密度对企业出口竞争力的负向影响没有任何关联。同时，从表7-8中我们可以看到，民营企业产品创新的估计系数为正，且均在1%检验水平上显著，说明民营企业只要加大产品研发投入，提高产品创新绩效，增强产品技术内涵，提升现有产品的质量和价格，就会有更大可能超过生产率阈值，最终实现国内生产转向出口参与，开展国际化经营。王杰和刘斌（2016）认为，在环境规制的压力下，企业更倾向于提升现有出口产品的质量和价格，而不是追求出口产品种类的多元化和数量的扩张。

第六节　PM2.5浓度影响出口增长二元边际的内在机制分析

福斯里德（Forslid）（2014）利用瑞士微观企业数据库研究出口企业更加环保的原因，结果显示，企业减排投入与企业生产率和出口比例正向相关，其作用机理是更大生产规模的企业通过规模效应不断摊平企业减排成本，产品（服务）清洁度越来越高，则市场份额越来越大，企业生产率和出口规模相应随之提高，其作用机制是市场规模和企业生产率。本书并不认同福斯里德等（2014）的看法。本书认为，PM2.5浓度影响出口竞争力的内在机制是：一方面，PM2.5浓度造成企业员工失望、压抑、沮丧、忧郁、悲哀、忧虑、苦闷、难过等紧张心理和情绪反应，严重影响企业高层与员工身心健康，增加了员工生活成本和企业生产成本，制约了企业生产效率提升和出口竞争力增强。另一方面，PM2.5浓度不断加大破坏了优美宜居、舒适典雅、绿色健康的城市形象和崇商、重商、亲商、安商的人文环境，造成不同地区、不同行业、不同群体之间收入差距不断拉大，违法乱纪犯罪的案件不断滋生蔓延，可能影响城市良好营商环境的塑造。以下对两种影响途径分别进行实证检验。

一、PM2.5浓度对企业生产成本的影响

为了检验PM2.5浓度对企业生产成本的影响，本书选择了"当年度企业员工每周通常工作时间（f_2）"作为衡量企业生产成本的代理变量，用于

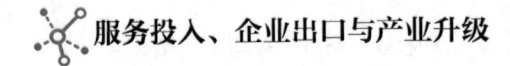

检验 PM2.5 浓度影响企业生产成本的异质性，同时为了尽量避免遗漏重要变量，本书还选取了企业生产率、信息化、电子商务、产品创新等重要控制变量，回归结果见表 7-9。

表 7-9　PM2.5 浓度对企业生产成本的实证结果

模型变量	（1）	（2）	（3）	（4）
PM2.5	3.5584* （1.69）	3.5514* （1.69）	3.5978* （1.71）	3.6046* （1.71）
信息化	−13.0956* （−1.82）	−12.8953* （−1.79）	−13.6477* （−1.84）	−13.9294* （−1.88）
电子商务	−4.5221** （−2.48）	−4.5905* （−2.51）	−4.6116** （−2.50）	−4.8207*** （−2.62）
生产率			0.2057 （0.46）	0.1457 （0.32）
产品创新				1.7248 （1.21）
地区哑变量	No	Yes	Yes	Yes
产业哑变量	Yes	Yes	Yes	Yes
城市哑变量	Yes	No	Yes	Yes
Observation	1682	1682	1682	1682
R^2	0.0111	0.0106	0.0112	0.0121

注：***、**、* 分别表示在 1%、5%、10% 的水平上显著；括号内数字是 T 统计量。

结果显示，在总体样本上，PM2.5 浓度均在 10% 的统计水平上显著负向影响企业生产成本，具体来说，主要城市 PM2.5 密度每增加 1%，企业员工每周通常工作时间增加 3.55 小时至 3.60 小时。主要城市 PM2.5 密度不断增加，降低了企业员工身体免疫机能，带来更多心肺功能衰退和糖尿病并发症等，严重影响了员工身体健康和预期寿命，增加企业生产固定成本和可变成本，降低了企业生产效率，不利于企业出口竞争力的稳步提升。陈

（Chen）等（2013）发现，越来越严重的环境污染可能导致我国居民预期寿命的增长低于人均收入增长，一般而言，城市间 PM10 浓度每上升 $100\mu g/m^3$，预期寿命将下降 1.5 年。冯（Feng）等（2016）对 PM2.5 浓度影响人类健康的文献进行了较为完整的综述，结果发现，流行病学和毒理学相关理论认为，PM2.5 浓度不仅导致人类心肺功能衰退和应激激素皮质醇的过度分泌等，而且还会引起糖尿症并发症和各种分娩问题，如损害生殖系统，降低生育能力，引起新生儿畸形等，其主要机制是 PM2.5 引起人类细胞内氧气应激、致突变性、基因毒性和炎性反应等。同时，主要城市 PM2.5 密度不断增加，无形中增加了员工生活成本和企业生产成本，这一结论与周梦天和王之（2018）、陈等（2013）、代丽华（2017）等成果保持一致。周梦天和王之（2018）发现，我国主要城市公布 PM2.5 监测数据明显增强了城市房价上的资本化，对 PM2.5 关注度越高的城市受到的影响越大，公开可比的以 PM2.5 为代表的空气质量信息已经成为影响地区房地产市场的重要因素，对于加强空气整治力度，打造蓝天城市有明显的经济效益。

二、PM2.5 浓度对城市营商环境的影响

为了检验 PM2.5 浓度对城市营商环境的影响，本书选择了社会环境和制度环境两个二级标作为衡量城市营商环境的代理变量，其中，二级社会环境指标包括政局危机（所在地区政局危机对公司目前运行的影响程度，j30e）、社会腐败（所在地区社会腐败对公司目前运行的影响程度，j30f）、司法公正（所在地区司法公正对公司目前运行的影响程度，h30）、市场竞争（所在地区市场竞争对公司目前运行的影响程度，e30）等四个三级指标，而二级指标制度环境包括关贸监管（所在地区关贸监管对公司目前运行的影响程度，d30b）、税率水平（所在地区税率水平对公司目前运行的影响程度，j30a）、税收监管（所在地区税收监管对公司目前运行的影响程度，j30b）、营业许可（所在地区营业许可对公司目前运行的影响程度，j30c）等四个三级指标，回归结果见表 7-10。

表 7-10 PM2.5 浓度对地区营商环境的实证结果

模型变量	(1)	(2)	(3)	(4)
APM2.5（x2）	−1.4583*** （−5.87）	−1.3058*** （−5.35）	−0.5675*** （−2.92）	−0.5961*** （−3.06）
生产率	0.0221 （0.53）	0.0185 （0.44）	0.0383 （1.06）	0.0136 （0.38）
信息化	−2.0560*** （−2.57）	−2.0766*** （−2.61）	2.6734*** （3.86）	2.5812*** （3.752）
企业年龄	0.0140* （1.75）	0.0158* （1.95）	−0.0074 （−1.18）	−0.0066 （−1.05）
产品创新		0.2267* （1.72）		0.5416*** （4.24）
地区哑变量	No	Yes	No	Yes
产业哑变量	Yes	Yes	Yes	Yes
城市哑变量	Yes	Yes	Yes	Yes
Observation	2815	2815	1682	1682
R^2	0.0252	0.0314	0.0105	0.0175

注：***、**、* 分别表示在 1%、5%、10% 的水平上显著；括号内数字是 T 统计量。第（1）列和第（2）列是以滞后一年主要城市 PM2.5 密度平均值为解释变量，二级指标社会环境为被解释变量；第（3）列和第（4）列是以滞后一年主要城市 PM2.5 密度平均值为解释变量，二级指标制度环境为被解释变量。

结果显示，在总体样本上，无论是社会环境还是制度环境，PM2.5 浓度均在 1% 的统计水平上显著负向影响城市营商环境，具体来说，主要城市 PM2.5 密度每增加 1%，地区社会环境指数减少 130.58% 至 145.83%，地区制度环境指数减少 56.75% 至 59.61%，说明主要城市 PM2.5 密度对地区社会环境的影响比对地区制度环境的影响更为敏感和显著。PM2.5 排放不仅危害人类健康，降低身体机能，而且还会增加应激激素皮质醇的过度分泌，造成易怒易爆已冲动的情绪和行为（Feng, et al., 2016），引发社会犯罪率不断升高，不利于当地营造良好的市场环境和营商环境。2018 年，由密歇根大学、哥伦比亚大学和哈佛大学研究人员组成的团队分析对比了9年间涉及9360个美国城市的美国环境保护局空气污染数据和联邦调查局犯罪统计，他们发现，空气污染与6类主要犯罪紧密相关。来自英国的最新研究成果也佐证了这一观点，科研人员们对比了两年中伦敦市区和病房的污染数据与180万条犯罪数据，分析显示，伦敦的空气污染变得严重就会间接导致商店偷盗和扒窃及出轨等道德犯罪的增加❶。另外，空气污染导致不同群体人力资本投入呈现显著的差异性，居民收入差异就越拉越大，严重制约了良好地区营商环境的塑造和不断完善，增加企业生产成本和交易成本，阻碍了企业参与和开展国际化经营活动。盛（Sheng）(2017)、齐文（Zivin）等（2012）发现，处于低收入阶层的农村居民应对环境污染带来的健康损害会进行相对较少的健康人力资本投资，因而城乡居民的健康水平差异会逐渐拉大，所以城乡收入的相对差距也会随着环境污染的加剧而扩大。

第七节　主要结论与启示

本书运用来自世界银行中国企业微观数据库和哥伦比亚大学国际地球科学信息网络中心（CIESIN）所属的社会经济数据和应用中心（SEDAC）发布的PM2.5浓度数据库，采用不同的计量回归模型考察了中国主要城市PM2.5密度对企业出口竞争力的异质性影响。研究结果表明：第一，企业出口增长的集约边际和扩展边际随着主要城市PM2.5密度的增加而不断减少。第二，产品创新能够显著地降低东部地区主要城市PM2.5密度对企业出口竞争力的消极影响，同时对制造业企业和民营企业的消极效果也非常显著，而对于中西部地区、零售业和其他服务业、国有企业则不显著。第三，主要城市PM2.5密度对企业出口增长的集约边际和扩展边际的负向影响随着

---

❶ 部分研究称空气污染或助犯罪率增高，具体见 http://env.people.com.cn/n1/2018/0212/c1010-29820735.html。

出口年份的到来而不断增强。第四，PM2.5浓度影响出口竞争力的内在机制是企业生产成本和地区营商环境。

上述结论不仅有利于理解以PM2.5为主要污染物的空气污染对我国出口竞争力的异质性影响，而且有利于认识我国环境污染治理的紧迫性和环境规制政策制定的必要性，还有利于从另一个角度理性认识当前中美贸易摩擦和争端及我国应采取的策略。首先，更加重视环境治理制度化标准化常态化，形成更加稳健更加标准的环境治理制度体系。积极推进《关于加快推进生态文明建设的意见》《生态文明体制改革总体方案》等宏观层面纲领稳步实施，认识落实《大气污染防治行动计划》《水污染防治行动计划》《土壤污染防治行动计划》等规章制度，不断加大中央及地方环保督查和生态环保执法监督力度，进一步完善我国碳排放交易市场，尽快建立灵活的碳排放交易平台和形成完善的市场体系。充分发挥市场在环保资源配置中的决定性作用，调动企业环境保护的积极性主动性创造性。其次，鼓励企业加大创新投入，努力提高产品创新绩效，通过"创新效应"带来的收益弥补企业环境成本带来的损失，增强企业核心竞争力和国际化经营能力。结果显示，PM2.5密度对企业出口扩展边际和集约边际的重要抑制效应，只有进行产品创新不断增强产品技术含量的企业才能够弥补企业环境成本带来的利益损失。通过税收优惠或者财政补贴政策鼓励企业积极引进国内外先进技术和更加高效的企业管理理念创新意识，尽量减少企业产品生产过程中带来的环境污染和负外部效应。最后，更加重视空气污染对企业出口竞争力的重要紧迫性和动态异质性。当前，中美贸易摩擦和冲突愈演愈烈，模拟结果发现，中美相互贸易摩擦会给双方都带来损害，且美国不能实现制造业就业的增加，比较而言，中国受损大于美国（李春顶等，2018）。不过，关税成本占我国贸易总成本的比重远远小于非关税成本，如苛刻的技术、卫生、检验标准，动植物检验检疫措施等，因此当前应更加重视空气污染对企业出口竞争力的影响问题，既正视目前我国处于全球价值链中所处的位置，又坚持进一步扩大改革开放，在开放中解决贸易摩擦，还要努力提高技术创新绩效，降低产品生产的负外部效应，增加产品技术含量和服务质量。同时，以 PM2.5 为主要污染物的空气污染对出口竞争力的影响随着出口年份的到来而不断增强，也就是说，近些年的空气污染对企业出口竞争力具有不同程度的影响，当年的影响更为显著，程度更加严重。因此，空气污染治理需要常态化制度化标准化。另外，本书发现，空气污染对企业出口竞争力的影响存在较为明显的异质性。进一步支持民营企业繁荣发展，尽快在放开市场准入、解决融资约束、完善环保治理、提高创新能力等方面给予更大的支持和帮助。

第八章 合作研发、融资约束缓解与企业技术创新

创新是深入落实创新驱动发展战略、推动我国经济向高质量发展迈进的重要内容,又是加快建设创新型国家和世界科技强国、全面提升我国在全球创新格局中所处位势的重要举措。党的十九大报告指出,"创新是引领发展的第一动力,是建设现代化经济体系的战略支撑","促进我国产业迈向全球价值链中高端,培育若干世界级先进制造业集群"。当前,我国正处于转换增长动力、转变发展方式、优化经济结构的攻关阶段,以高投入、高消耗、高污染、高排放和低效益为特征的传统经济增长模式已不具有可持续性,必须全面提升科技创新对经济社会发展的支撑和引领作用。继续深入实施创新驱动发展战略,不断提高企业技术创新绩效,对于加强创新性国家和提升国际竞争力具有十分重要的战略价值。

第一节 提出问题

近些年,我国企业技术创新取得了显著的成绩,但是与建设创新型国家、实现科技强国等目标还存在差距,企业技术创新存在的资源不优、动力不足、融资约束、绩效不高等问题依然是重要制约因素。作为一种新型研发模式,合作研发既可以克服单个企业研发面临的高额投入、不确定性、

紧急事件威胁和研发周期过长等突出问题，而且可以克服市场无效率行为、降低和分担研发中的风险和成本、共享研发信息和研究成果、提高研发效率和研发活动灵活性（Yoo, et al., 2018）。虽然合作研发具有众多优点，但是实践中合作研发很少达到预期目标（Okamuro, 2007），究其原因，主要是合作研发过程中存在逆向选择和机会主义行为（Carson, et al., 2006；于等，2018；Kenichi, et al., 2019; Ron, et al., 2019）。另外，融资约束对企业技术创新的影响也存在不一致的结论（Guerdjikova, Quiggin, 2019；Ciaran, Jair, 2019）。所以，在创新驱动发展战略背景下，研究企业间合作研发与融资约束缓解对企业创新绩效的影响，具有重要的理论价值和现实意义。

国内外学者围绕企业创新绩效的影响因素展开了积极探索，部分成果涉及企业间合作研发和融资约束缓解，不过在研究方法、研究数据和指标测算等方面可能还存在值得改进的方面。与已有研究相比，可能的边际贡献在于：首先，从异质性视角提供了合作研发和融资约束缓解提高企业技术创新的微观证据。在创新驱动战略视角下，利用世界银行提供的中国企业微观数据库，检验了合作研发和融资约束缓解对企业技术创新二元边际（决策和绩效）的影响。研究结果发现，合作研发和融资约束缓解均在1%的统计性水平上显著促进企业创新决策和创新绩效，合作研发和融资约束缓解的交互项在1%的统计性水平上显著抑制企业创新绩效，也就是说，随着融资约束不断得到缓解，企业间合作研发对企业创新绩效的促进效应不断减弱。其次，较好地处理了因主要变量之间可能存在的内生性而导致的双向因果问题。部分成果仅利用传统的最小二乘法考察企业间合作研发对企业创新绩效的影响，忽视了两者之间可能存在的内生性问题；部分成果选择宏观数据而没有考虑企业微观数据，可能会造成合成谬误，由此得到的结论和政策建议很有可能存在偏误。充分考虑变量间可能存互为因果问题，采用二元选择模型和倾向得分匹配模型考察企业间合作研发和融资约束缓解对企业创新绩效的影响，并利用依次利用半径匹配、核匹配、局部线性回归匹配和马氏匹配等方法和企业不同规模数据进行稳健性检验，回归结论具有较强的创新性，有利于强化企业在技术创新中的主体作用，激发和释放企业技术创新的内生动力，提高企业创新绩效水平。最后，还检验了"省会"城市效应、企业规模效应和政治不确定积极效应，对于企业通过开展合作研发和缓解融资约束提高创新绩效水平具有一定的参考价值。

第二节　理论分析和研究假说的提出

一、合作研发和融资约束缓解促进企业技术创新的机理分析

随着国际竞争日趋激烈和科学技术的不断进步，不同领域不同行业知识和技术的深度和广度日益加剧，企业很难依靠自身资源实现所有的创新目标，需要联合众多研发利益相关者，发挥供应商、客户企业、企业同行业企业、大学和科研院所、技术转移转化部门、技术实践应用部门等各方创新资源和创新优势，提高企业内部研发的灵活性，缩短新技术产品市场化的时间，充分发挥协同创新效应，共同完成前沿技术创新（Yu, et al., 2019）。逆向选择和机会主义行为很有可能影响合作研发绩效（Carson, et al., 2006；Yu, et al., 2018），不过，构建完善的契约控制和健全的信任控制则可以降低合作研发过程中的机会主义和逆向选择问题（Xu, 2019）。所以，合作研发促进企业技术创新。研发投资活动不同于企业一般性生产经营活动，需要大量而持续的资金支出。同时，与固定资产投资相比，研发投资活动具有持续时间较长、研发支出巨大、技术任务复杂、结果难以预料等特点，具有系统性、复杂性、不确定性和高风险性。同时，对于大多数高科技企业来说，研发投资活动还具有一定的竞争性、排他性和隐秘性，为了保持研发投资取得预期成果和行业领域的核心竞争力，企业利用内源融资和外源融资存在较大难度，通过银行信贷、股权融资等方式缓解融资约束，则可以显著提升企业技术创新绩效。

假说1：合作研发和融资约束缓解分别促进企业技术创新。

二、合作研发与融资约束缓解交互抑制企业创新的机理分析

企业财务管理理论认为，企业一般通过内部融资和外部融资两种来源渠道来融资，前者主要通过企业自身生产经营过程中产生的现金，后者主要通过股权融资、债券融资等方式。当面临着较高的资产负债率时，企业承担更大的偿债压力和决策压力，必须在近期经营与研发投资之间寻找合理的平衡点，而不可能一味地大规模展开研发投资活动，在一定程度上制约了企业技术创新绩效提高。同时，通过外部融资或内部融资等渠道尽管在一定程度上缓解融资约束（Chen，et al.，2019），但是有可能破坏之前良好的契约与信任控制体系，提高合作研发伙伴采取机会主义行为的动机。例如，因担心预期偿债违约而减少对核心知识的共享与交流，因资产负债率过高而影响合作伙伴间的信任关系，因融资结构变化而破坏合作研发联盟资产负债结构等（Xin，et al.，2019），降低了合作研发的契约与信任控制对合作研发成员机会主义行为的抑制效应（Siemer，2019），很有可能在一定程度上诱发技术创新过程中的逆向选择和道德风险，导致研发联盟结构松散、技术研发成本增高和技术创新不确定性加大。所以，随着融资约束不断得到缓解，合作研发对企业技术创新的促进效应逐步降低。

假说2：合作研发与融资约束缓解的交互项抑制企业技术创新。

三、政治不确定通过两者积极影响企业创新绩效的机理分析

政治不确定性影响企业技术创新的经济效应是延迟效应和先发效应。政治不确定性对企业技术创新的延迟效应内在机理是企业技术创新不仅需要企业前期投入大量的资金和人力资本，而且这种投入不可收回。如果企业技术研发项目没有成功，企业需要承受较大的沉没成本，有可能造成企业较大的投资损失。所以，当政治不确定性不断提高时，企业需要在技术研发的稳健性和未来可能的收益性之间权衡利弊。在这种情况下，企业在

做出研发投资决策时往往会更加谨慎和采取持币观望的态度,希望通过减少或者延迟研发投资尽可能降低政治不确定性带来的消极影响。政治不确定性对企业技术创新的先发效应内在机理,是政治不确定性对企业技术创新的影响不仅有市场收益的不确定而且还有技术创新的不确定(Lv, Bai, 2019),相对而言,后者受到政治不确定性的影响要小很多。随着新产品新需求新市场新领域的不断涌现,企业尽管当下面临着政治不确定新的困扰,但是如果不能着眼于企业长远发展而采取延迟战略放弃技术研发,很有可能在政治不确定性消除的未来某些时候,因技术落后导致不能满足消费者需求,市场份额越来越小并最终退出市场(Gholipour, 2019)。所以,在政治不确定性情况下先发开展技术创新和技术研发相当于目前购买了一个增长期权。结论显示,尽管政治不确定性对企业技术创新存在延迟效应和先发效应,但是后者的效应明显大于前者的效应,政治不确定性显著地促进了企业技术创新,促使企业进行研发竞争。

假说3:政治不确定通过合作研发和融资约束缓解积极影响企业创新绩效。

第三节 数据来源、构建模型与指标测算

一、数据来源

所涉及的世界银行中国企业微观数据库包括:企业过去三年引进新产品或服务相关的销售收入占比、企业是否与其他企业进行研发合作、过去三年企业是否与其他企业合作研发、当年企业是否有银行信贷额度等主要指标,数据范围覆盖我国东、中、西部的25个城市和27个大类行业。剔除了以下数据:①在问卷调查中回答"没有回答"或者"不知道"或者回答结果是空白的企业样本;②企业间合作研发、融资约束缓解、企业创新

绩效等变量数据为缺失值的样本；③其他存在异常值的样本。最终选择1481个有效观测值。

二、构建模型

首先构建 Logit 模型，实证企业间合作研发、融资约束缓解对企业技术创新决策的影响，具体回归方程如下：

$$\text{TIC}_{it} = a_0 + a_1 \text{CRDD}_{it} + a_2 \text{FACS}_{it} + b_n \sum_{n=1}^{6} X_n + \varphi_i + \mu_i + \varepsilon_i \quad (8-1)$$

式（8-1）中，TIC 代表企业技术创新，CRDD 代表合作研发强度，FACS 代表融资约束缓解，X 代表其他控制变量，φ_i、μ_i 代表产业哑变量、所有权哑变量，ε_i 代表随机扰动项。

在式（8-1）中纳入了主要解释变量交互项，探寻两者之间交互效应对企业创新绩效的影响，具体回归方程如下：

$$\begin{aligned}\text{TIP}_{it} = & a_0 + a_1 \text{CRDD}_{it} + a_2 \text{FACS}_{it} + a_3 \text{CRDD}_{it} \times \text{FACS}_{it} \\ & + b_n \sum_{n=1}^{6} X_n + \varphi_i + \mu_i + \varepsilon_i\end{aligned} \quad (8-2)$$

式（8-2）中，TIP 代表企业创新绩效，CRDD 代表合作研发强度，FACS 代表融资约束缓解，X 代表其他控制变量。

由于某些原因，在观察研究中回归结果总是受到混杂变量（confounding variable）和数据偏差（date bias）的影响，造成产生系统性偏差和回归结果失真的现象。借鉴实验思想，以企业间是否进行合作研发划分依据，构建实验组（企业间进行合作研发）与对照组（企业间未进行合作研发），利用倾向得分匹配模型，考察企业间合作研发对企业创新绩效的影响。

$$P(X_i) = Pr(\text{group}) = 1 \mid X_i = \frac{\exp(\alpha X_i)}{1 + \text{esp}(\alpha X_i)} \quad (8-3)$$

式（8-3）中，X_i 是可能影响企业创新绩效的系列变量，如合作研发、融资约束缓解、企业年龄、出口比例、市场竞争、电子商务、数字技术、政商关系、政治不确定、劳动力制度、高层次人才、企业规模等变量。通过估计 Logit 方法估计式，可以得到企业 i 的倾向得分 $P(X_i)$。接着，依据倾向得分 $P(X_i)$ 选择适当的匹配方法对样本进行匹配。一般来说，常用的匹配方法有最近邻匹配、半径匹配和核匹配。匹配完成后，计算实验组与对照组的平均差异，即平均处理效果 ATT 计算方式为

$$\text{ATT} = \frac{1}{N} \sum_{i, D_i=1} \left(IP_{1i} - \sum_{j \in D(i)} w_{ij} \cdot IP_{ci} \right) \qquad (8-4)$$

式（8-4）中，$N = \sum_i D_i$ 为处理组个体数，$\sum_{i, D_i=1}$ 表示仅对处理组个体进行加总。经过匹配后，得到与实验组企业相匹配的对照组集合 $D(i)$。那么，$E(IP_{0i} | CRDS = 1)$ 可以较好地由 $E(IP_{0i} | CRDS = 0)$ 替代。因此，企业创新绩效可以表示为

$$\Delta IP_i = E(IP_{1i} | CRDS = 1) - E(IP_{0i} | CRDS = 0) \qquad (8-5)$$

利用倾向得分匹配计算平均处理效应的一般步骤如下：选择协变量、选择 Logit 回归估计倾向得分、进行倾向得分匹配、计算平均处理效应 ATT、ATU 和 ATE。当前比较常用的倾向得分匹配方法有 k 近邻匹配、半径匹配、核匹配、局部线性回归匹配和马氏匹配等方法。

三、指标测算

企业技术创新：已有文献普遍使用的企业创新绩效的指标有企业生产率、专利数、研发投入、新产品等。企业生产率存在的衡量延迟效应和弱相关效应在很大程度上削弱了指标测算的合理性和真实效力。企业专利数据是衡量企业创新绩效的较好指标。国家知识产权局的企业专利数据《中国专利数据库文摘 1985—2012（光盘版）》，按照专利种类分为发明专利、外观设计和实用新型三个类型。不过，该数据库目前还不具有可得性。研发投入是一个关于投入的绝对指标，无法传递更加精细、丰富、深层的信息。所以，被解释变量企业创新绩效（TIP）选用"企业过去三年引进新产品或服务相关的销售收入占比"。另外，利用企业技术创新决策（TIC）变

量进行稳健性分析。如果企业创新绩效 TIP > 0，则 TIC=1，反之为 0。

企业间合作研发：分别利用合作研发决策（CRDC）来衡量企业间合作研发，其中，解释变量企业间合作研发决策指标选用"过去三年企业是否与其他企业合作研发"，如果回答是，则 CRDC=1，反之为 0。

融资约束缓解：解释变量融资约束缓解 FACS 选用"当年企业是否有银行信贷额度"，如果回答是，则 FACS=1，反之为 0。其主要原因是，如果当年企业没有银行信贷额度，说明企业在很大程度上受到融资约束，而如果当年企业有银行信贷额度，说明企业财务状况良好，融资约束在很大程度上得到缓解。

另外，为了尽量减少因遗漏重要变量而造成的回归结果偏误还引入了以下重要变量：①市场竞争。利用调查问卷中"非同行业的竞争对企业经营的影响程度（e30）"测算企业面临的市场竞争。②数字技术。利用调查问卷中"现代信息与通信技术（如计算机、互联网和大数据等）对合作伙伴（供应商、合同方等）关系的影响程度（CNo11a）"测算企业的数字技术。③政商关系。利用调查问卷中"去年企业是否与政府签订一份合同（j6a）"衡量政商关系。利用调查问卷中"政治不确定不稳定性对企业经营的影响程度（j30e）"衡量企业的人力资本。④政治不确定。利用调查问卷中"政治不确定不稳定性对企业经营的影响程度（j30e）"衡量政治不确定。⑤城市地位。利用调查问卷中"企业所在城市是否是省会或区域中心"测算企业所在城市的地位。如果是，则为 1，反之则为 0。同时，还控制了企业的所有权类型、企业所处地域、企业所属产业、企业规模等变量。

第四节　计量结果回归与分析

一、主要变量的描述性统计

为了对主要变量的基本特征进行初步了解和掌握，首先对涉及的主要

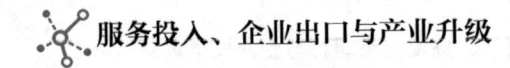

变量进行描述性统计，具体结果见表8-1。

表8-1 主要变量的描述性统计结果

变量	样本数	均值	标准差	最小值	最大值
技术创新决策	1481	0.4605	0.4986	0	1
技术创新绩效	1481	0.1138	0.1778	0	1
合作研发	1481	0.1202	0.3253	0	1
融资约束缓解	1481	0.6739	0.4690	0	1
企业年龄	1481	13.2546	8.1252	0	91
出口比例	1481	0.8675	0.0813	0.09	1
市场竞争	1481	0.8325	0.8481	0	1
电子商务	1481	0.2735	0.2049	0	1
数字技术	1481	3.1438	1.3711	1	5
政商关系	1481	0.1182	0.3229	0	5
政治不确定	1481	0.2721	0.6025	0	4
劳动力制度	1481	0.5348	0.6919	0	4
高层次人才	1481	0.8420	0.8166	0	4
企业规模	1481	2.0662	0.7656	1	3

从表8-1中可以看到，无论我们利用企业创新决策还是企业创新绩效，企业技术创新水平均呈现出显著的企业异质性。具体来说，企业创新决策的最大值是1，最小值是0，均值是0.4605，标准差是0.4986，而技术创新绩效的最大值是1，最小值是0，均值是0.1138，标准差是0.1778。这些结果表明不同企业因所处行业不同及其自身生产经营状况、技术研发水平等不同，企业是否开展技术创新及企业技术创新绩效水平差异较大。企业间合作研发、融资约束缓解等主要解释变量也呈现出以上显著特征，这里不再赘述。

二、关于不同类型的分组检验

表8-2是企业间合作研发和融资约束缓解对企业创新绩效的分组检验结果。首先,通过T检验,我们发现,企业间开展合作研发时的创新绩效均值水平显著高于没有开展合作研发时,说明企业间开展合作研发将明显提高参与企业的创新绩效;其次,我们按照企业面临的融资约束缓解程度进行了分组,发现企业有银行信贷额度时,分组企业技术创新绩效均值检验和中位数检验均有显著的结果,符合我们预期。以上分组结果,初步检验了我们提出的假设。

表8-2 分组检验

变量	样本组		样本数	均值	均值检验 T值	中位数检验 Z值
企业间合作研发	企业间已开展合作研发	CRDC=1	178	0.2280	−9.4004***	−10.6460***
	企业间未开展合作研发	CRDC=0	1303	0.0982		
融资约束缓解	企业有银行信贷额度	FACS=1	998	0.0917	−6.9932***	−6.8470***
	企业没银行信贷额度	FACS=1	483	0.1595		

注:均值指企业创新绩效,均值检验采用T检验,中位数检验采用Wilcoxon秩和检验。***、**、*分别表示在1%、5%和10%的水平上显著。

三、基准结果回归分析

首先,进行技术创新决策的二元选择模型回归分析。首先利用Logit模型进行二元选择模型回归,计算了Logit模型的平均边际效应和在样本均值处的边际效应，最后测算了 Logit 模型准确预测的比率，表 8-3 展示了基准回归结果。结果发现，企业间合作研发在 1% 的统计性水平上均显著正向影响企业技术创新决策，影响程度在 0.2943 与 0.3784 之间，此时 Logit 模型准确预测比率是 65.23% 与 65.90% 之间。融资约束缓解也在 1% 的统计性水平上均显著正向影响企业技术创新决策，影响程度在 0.1177 与 0.1499 之间，此时 Logit 模型准确预测比率是 65.23% 与 65.90% 之间。同时，我们考察合作研发与融资约束缓解的交互项对技术创新决策的影响。从表 8-3 中看到，交互项负向影响技术创新决策，表明随着融资约束不断得到缓解，企业间合作研发对技术创新决策的影响会越来越低。众所周知，企业研发不仅需要高额投入而且在整个研发过程中面临着巨大的外部不确定。企业间合作研发可以降低政策不确定性，加速产品研发进度（Yu, et al., 2018），而且企业间可以在更大程度更广范围更深层面优化配置资源并能够形成强大合力，通过创新要素互动优势互补资源共享提升企业创新绩效，最终竞争优势更加突出和日趋明显。同时，当面临内外部融资成本变动时，受到融资约束的企业无法采取先发战略开展技术创新研发，在未来市场上取得技术优势和投资额外收益，而且很有可能失去更大的发展空间和获取更多的发展机会（Kenichi, et al., 2019; Ron, et al., 2019）。

表 8-3　合作研发、融资约束缓解与技术创新决策的回归结果

变量	（1）	（2）	（3）	（4）	（5）	（6）
合作研发	0.4403*** （5.42）	0.3048*** （5.53）	0.2943*** （5.42）	0.5021*** （7.28）	0.3784*** （5.35）	0.3691*** （5.28）
融资约束缓解	0.1567*** （5.78）	0.1208*** （4.49）	0.1177*** （5.42）	0.1788*** （5.55）	0.1499*** （4.38）	0.1476*** （4.28）
交互项	−0.0948 （−1.04）	−0.0366 （−0.42）	−0.0429 （−0.50）	−0.1081 （−1.04）	−0.0454 （−0.42）	−0.0538 （−0.50）
市场竞争		0.0645*** （4.58）	0.0595*** （4.20）		0.0801*** （4.48）	0.0747*** （4.12）

续表

变量	（1）	（2）	（3）	（4）	（5）	（6）
数字技术		0.0802*** （9.97）	0.0782*** （9.76）		0.0996*** （9.08）	0.0981*** （8.90）
政商关系		0.1158*** （2.85）	0.1191*** （9.76）		0.1437*** （2.81）	0.1493*** （2.92）
政治不确定性			0.0751*** （3.56）			0.0942*** （3.49）
城市效应	Yes	Yes	Yes	Yes	Yes	Yes
行业效应	Yes	Yes	Yes	Yes	Yes	Yes
地区效应	Yes	Yes	Yes	Yes	Yes	Yes
N	1481	1481	1481	1481	1481	1481
Adj-R^2	0.6590	0.6523	0.6590	0.6590	0.6935	0.6914

注：***、**、* 分别表示在1%、5%和10%的水平上显著；第（1）（2）（3）列是平均边际效应，第（4）（5）（6）列是在样本均值处的边际效应。

接着，加入了市场竞争、数字技术、政商关系、政治不确定性等解释变量，还控制了企业的城市效应、行业效应和地区效应等变量，企业间合作研发和融资约束缓解的回归系数分别是0.2943和0.1177，均在1%的统计性水平上分别显著，此时Logit模型准确预测比率是65.90%，说明得到的回归结果具有非常强的稳健性。具体来说，在给定其他变量的情况下，企业间合作研发对企业技术创新的影响比企业间未合作高出29.43%，企业面临融资约束对企业技术创新的影响比企业未面临融资约束低了11.77%。另外，在控制了城市效应、行业效应和地区效应等哑变量的情况下，市场竞争、数字技术、政商关系、政治不确定性等解释变量均在1%的统计性水平上均显著正向影响企业技术创新决策。这些结论对于我们继续发挥市场在资源配置中的决定性作用，以数字化转型助推产业转型升级，继续优化和不断完善市场化法治化国际化的营商环境，充分发挥政治不确定性的积极效应，从而提高企业技术创新绩效水平，加快建设创新型国家等都具有重要的理论价值和现实意义。

第五节　稳健性检验

根据基准回归分析，企业间合作研发和融资约束缓解对企业创新绩效均具有显著的促进作用。由于可能存在某些内生性问题，主要解释变量和被解释变量之间可能存在双向因果关系，有可能导致研究结论的失真现象。因此，为了对上述结论进行验证，利用不同方法开展稳健性检验。

一、采用倾向得分匹配回归方法

利用倾向得分匹配方法，更加深入检验合作研发是否及如何影响企业创新绩效。首先将数据随机排序，利用 k 近邻匹配进行基准回归分析，然后依次利用半径匹配、核匹配、局部线性回归匹配和马氏匹配等方法进行稳健性检验。结果汇报见表8-4。发现，k 近邻匹配后大多数变量的标准化偏差小于10%，而且大多数 T 检验的结果不拒绝处理组与控制组无系统差异的原假设，同时大多数观测值均在共同取值范围内，故在进行倾向得分匹配时仅会损失少量样本。经过回归，企业间合作研发的平均处理效应（ATT）估计值是0.1098，并且在1%的统计性水平上显著为正，说明企业间合作研发显著正向提高企业创新绩效。依次利用半径匹配、核匹配、局部线性回归匹配和马氏匹配等方法进行稳健性检验，结果发现，企业间合作研发的平均处理效应（ATT）估计值均在1%的统计性水平上显著为正，说明企业间合作研发显著正向影响企业创新绩效的结果具有非常强烈的稳健性。

表 8-4 平均处理效应估计结果

变量	最近邻匹配	半径匹配	核匹配	局部线性回归匹配	马氏匹配
合作研发	0.1389*** (5.25)	0.1506*** (6.75)	0.1484*** (6.75)	0.1495*** (6.44)	0.1236*** (6.42)
融资约束缓解	0.0596*** (4.93)	0.0645*** (5.57)	0.0669*** (5.86)	0.0715*** (5.92)	0.0594*** (3.39)

二、考虑偏差校正匹配估计

由于在倾向得分匹配第一阶段使用 Logit 进行计量回归过程中存在模型设定的不确定性，由此可能造成匹配结果的偏误。同时，由于非精确匹配一般存在偏差，阿巴迪（Abadie）和伊本斯（Imbens）(2011) 提出通过回归的方法来估计偏差，得到偏差校正匹配估计量。同时可以通过在处理组或控制组内部进行二次匹配，从而得到在异方差条件下也成立的稳健性偏误。接受阿巴迪和伊本斯（2011）的做法，通过有放回且允许并列的 k 近邻匹配，进行偏差校正匹配估计，努力减少因主观设定回归模型而造成的偏差。具体来说，首先进行了一对四匹配来估计 ATT，不做偏差校正，但使用异方差稳健性标准误，其次重复以上命令，但进行偏差校正，最后，以样本协方差矩阵的逆矩阵为权重矩阵，使用马氏距离进行匹配，具体结果见表 8-5。

表 8-5 偏差校正匹配估计结果

变量	匹配方法	近邻匹配	偏差校正匹配	马氏距离匹配
合作研发	总体平均处理效应 PATT	0.1357*** (5.28)	0.1472*** (6.40)	0.1368*** (5.79)
	样本平均处理效应 SATT	0.1357*** (6.25)	0.1472*** (5.73)	0.1365*** (6.04)
融资约束缓解	总体平均处理效应 PATT	0.0542*** (5.49)	0.0641*** (5.40)	0.0658*** (5.65)
	样本平均处理效应 SATT	0.0593*** (5.71)	0.0640*** (5.49)	0.0663*** (5.59)

表 8-5 中 k 近邻匹配中，权重矩阵是主对角线元素为各变量样本方差的对角矩阵的逆矩阵。使用异方差稳健标准误但不做偏差校正，无论 k 取什么值，样本平均处理效应的 p 值均为 0，说明合作研发在 1% 的统计性水平显著正向促进企业创新绩效。重复以上命令进行偏差校正匹配后，发现，样本平均处理效应的 p 值为 0，再次说明合作研发在 1% 的统计性水平显著正向提升企业创新绩效。表 8-5 第（3）列以样本协方差矩阵的逆矩阵为权重矩阵，使用马氏距离进行匹配后，样本平均处理效应的估计值是 0.1365，p 值为 0，印证合作研发在 1% 的统计性水平显著正向促进企业创新绩效。使用马氏距离进行匹配后，样本的融资约束缓解平均处理效应的估计值是 0.0663，p 值为 0，印证融资约束缓解在 1% 的统计性水平显著正向促进企业创新绩效。这些说明了结论具有较强的稳健性。

三、替换核心解释变量

为了进一步验证合作研发和融资约束缓解对企业技术创新的影响，选用"企业过去三年引进新产品或服务相关的销售收入占比"测算企业创新绩效，回归结果见表 8-6。

表 8-6 合作研发、融资约束缓解与技术创新绩效的回归结果

变量	（1）	（2）	（3）	（4）
合作研发	0.1659*** （7.43）	0.1438*** （6.46）	0.1436*** （6.45）	0.1421*** （6.27）
融资约束缓解	0.0760*** （6.60）	0.0691*** （6.08）	0.0691*** （6.03）	0.0691*** （5.91）
交互项	−0.0105*** （−3.13）	−0.0942*** （−2.81）	−0.0943*** （−2.81）	−0.0980*** （−2.90）
市场竞争		0.0102** （1.97）	0.0102** （1.98）	0.0077 （1.53）
数字技术		0.0180*** （6.25）	0.0179*** （6.17）	0.0192*** （6.45）

续表

变量	（1）	（2）	（3）	（4）
政商关系			0.0013*** （0.09）	0.0027 （0.19）
政治不确定性				0.0146** （2.10）
城市效应	Yes	Yes	Yes	Yes
行业效应	Yes	Yes	Yes	Yes
地区效应	Yes	Yes	Yes	Yes
N	1481	1481	1481	1481
Adj-R^2	0.6090	0.6297	0.6298	0.6411

从表8-6可以看到，合作研发和融资约束缓解均在1%的统计性水平上显著促进企业技术创新，与前文结论保持一致，假说1和假说2再次得到印证。合作研发和融资约束缓解的交互项在1%的统计性水平上显著抑制企业技术创新绩效，假说3得到验证。

第六节　进一步回归分析

为了进一步检验回归结果的稳健性，在每个企业层面考察企业间合作研发与融资约束对企业创新绩效的影响。

一、省会"虹吸"效应的检验

已有文献显示，相比较一般城市，省会城市集聚带来更多创新知识外溢、劳动生产率提升和资源价值共享等。开展省会"虹吸"效应检验，主要检验位于省会城市的企业开展合作研发与融资约束缓解所生产的技术创

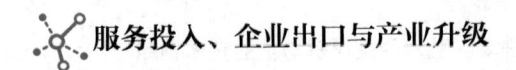

新是否比位于一般城市的企业更加明显，具体结果见表 8-7。

表 8-7 省会"虹吸"效应的检验

变量	（1）	（2）	（3）	（4）
合作研发	0.3040*** （4.22）	0.3141*** （3.42）	0.3583*** （4.07）	0.4095*** （3.39）
融资约束缓解	0.0786** （2.15）	0.1541*** （3.62）	0.0926** （2.13）	0.2147*** （3.51）
交互项	−0.0038 （−0.04）	−0.0473 （−0.27）	−0.0044 （−0.04）	−0.0659 （−0.28）
市场竞争	0.0467** （2.31）	0.0612*** （3.01）	0.0550** （2.30）	0.0852*** （2.91）
数字技术	0.0649*** （5.81）	0.0841*** （7.03）	0.0764*** （5.50）	0.1170*** （6.34）
政商关系	0.0972* （1.93）	0.1520** （2.17）	0.1145* （1.91）	0.2117** （2.14）
政治不确定性	0.0599*** （2.22）	0.0967*** （2.67）	0.0706** （2.19）	0.1347** （2.58）
城市效应	Yes	Yes	Yes	Yes
行业效应	Yes	Yes	Yes	Yes
地区效应	Yes	Yes	Yes	Yes
N	860	621	860	621
Adj-R^2	0.6709	0.6590	0.6709	0.7327

注：***、**、* 分别表示在 1%、5% 和 10% 的水平上显著；第（1）（2）列是平均边际效应，第（3）（4）列是在样本均值处的边际效应；第（1）（3）列是小企业的边际效应，第（2）（4）是大企业的边际效应。

从表 8-7 中可以看出，在合作研发影响技术创新决策方面，无论是平均边际效应还是在样本均值处的边际效应，位于省会城市的企业明显高于位于一般城市的企业。同时，在融资约束缓解影响技术创新决策方面，无论是平均边际效应还是在样本均值处的边际效应，位于省会城市的企业明显高于位于一般城市的企业。这些结论充分说明省会"虹吸"效应确实存在。

二、企业规模效应的检验

按照员工数量把企业分为小型企业（1至5人）、中型企业（6至99人）和大型企业（100人以上）。开展企业规模效应检验，主要检验企业间开展合作研发与融资约束缓解所生产的技术创新是否与企业规模存在某些联系，具体结果见表8-8。

表8-8 企业规模效应的检验

变量	（1）	（2）	（3）
合作研发	0.3088*** （3.19）	0.3282*** （2.64）	0.3366*** （3.16）
融资约束缓解	0.0869** （2.08）	0.1029** （2.43）	0.1182** （2.72）
交互项	−0.2214 （−1.28）	0.0497 （0.37）	−0.0010 （−0.01）
市场竞争	0.0586** （2.38）	0.0841*** （3.78）	0.0259 （1.00）
数字技术	0.0765*** （5.51）	0.0652*** （2.85）	0.0911*** （5.50）
政商关系	0.0847 （0.92）	0.1660** （2.85）	0.0567 （0.82）
政治不确定性	0.1391*** （3.88）	0.1123*** （3.08）	−0.0157** （−0.49）
城市效应	Yes	Yes	Yes
行业效应	Yes	Yes	Yes

续表

变量	（1）	（2）	（3）
地区效应	Yes	Yes	Yes
N	388	607	486
Adj-R^2	0.7371	0.6755	0.7222

注：***、**、*分别表示在1%、5%和10%的水平上显著；第（1）（2）（3）列分别是小型企业、中型企业和大型企业的平均边际效应。

从表8-8中可以看出，对于不同规模的企业来说，企业间合作研发与融资约束缓解均分别在1%和5%的统计性水平上正向显著影响企业技术创新决策。从表8-8中还可以看出，随着企业规模的不断扩大，企业间合作研发和融资约束缓解对企业创新绩效的影响越来越大，充分说明企业规模效应的确存在。企业规模和市场份额不断增加，面对的技术研发难度和未来市场不确定性也相应加大，更需要企业间以"优势互补、资源共享、互利共赢"为协作原则，通过显性契约或隐性契约为代表的约束共同构建企业研发生态系统，采用先发优势获取未来国际国内市场的技术优势、垄断地位和发展空间。

三、政治不确定积极效应检验

已有文献认为，政治不确定性带来未来投资风险的同时，也带来了更大的积极效应。尤其是随着国家知识产权保护力度加大，在政治不确定性情况下企业采取先发战略开展技术创新研发，很有可能在未来市场上取得技术优势和投资额外收益，而且很有可能拓展更大的发展空间和获取更多的发展机会。世界银行中国企业调查问卷中有如下问题：政治不确定对企业日常生产经营活动的影响程度，有0~4共5个选项供企业选择，数值越大，说明政治不确定对企业日常生产经营活动影响越严重。开展政治不确定积极效应检验，主要检验企业间开展合作研发与融资约束缓解所生产的技术创新是否与政治不确定性对企业日常生产经营的影响程度有某些联系，具体结果见表8-9。

表8-9 政治不确定积极效应检验

变量	（1）	（2）	（3）	（4）
合作研发	0.3637*** （2.64）	0.4652** （2.58）	0.2616*** （4.29）	0.3193*** （4.19）
融资约束缓解	0.0621*** （2.94）	0.0794*** （2.93）	0.09296* （3.14）	0.1215*** （3.09）
交互项	−0.0292 （−0.13）	−0.0373 （−0.13）	0.0207 （0.21）	0.0252 （0.21）
市场竞争	0.0473 （1.20）	0.0605 （1.20）	0.0607*** （4.90）	0.0741*** （3.84）
数字技术	0.0636** （2.40）	0.0813** （2.31）	0.0789** （8.90）	0.0963** （8.14）
政商关系	−0.0056 （−0.05）	−0.0072 （−0.05）	0.1157*** （2.63）	0.1412** （2.60）
城市效应	Yes	Yes	Yes	Yes
行业效应	Yes	Yes	Yes	Yes
地区效应	Yes	Yes	Yes	Yes
N	240	240	1171	1171
Adj-R^2	0.7375	0.7375	0.6763	0.6763

注：***、**、*分别表示在1%、5%和10%的水平上显著；第（1）（3）列是平均边际效应，第（2）（4）列是在样本均值处的边际效应；第（1）（2）列是政治不确定较小影响日常生产经营的企业样本边际效应，第（3）（4）列是政治不确定较大影响日常生产经营的企业样本边际效应。

从表8-9中可以看出，在合作研发影响技术创新决策方面，无论是平均边际效应还是在样本均值处的边际效应，能够更好应对政治不确定影响的企业的技术创新效应明显高于其他企业，充分说明政治不确定积极效应的确存在。换句话说，面对政治不确定性时，企业如果化被动为主动，发挥先发优势，顺势而为趁势而上，尽早开展研发投资和技术创新，就能够努力获取产品市场竞争优势和不断提高技术创新绩效。

第七节 研究结论与政策建议

在创新驱动发展战略视角下，利用世界银行中国企业微观数据库，实证分析了企业间合作研发、融资约束缓解对企业创新绩效的影响。实证结果显示，合作研发、融资约束缓解均显著正向影响企业创新绩效，合作研发和融资约束缓解的交互项抑制了企业技术创新绩效。同时，还验证省会"虹吸"效应、企业规模效应和政治不确定性积极效应的存在。利用不同样本和回归方法处理可能的内生性问题后，这些结结论依然保持较强的稳健性。

党的十九大报告指出，要建立以企业为主体、市场为导向、产学研深度融合的技术创新体系。所得到的这些结论对于进一步提升企业创新绩效，建设现代化经济体系，加快建设创新型国家等都具有重要的现实价值。近些年我国积极实施创新驱动发展战略，制定出台科技创新行动计划，不断创新完善科技人才引进培养、科技成果转移转化等体制机制，逐步建立以企业为主体、市场为导向、产学研深度融合的技术创新体系。不过，由于在企业间合作研发、融资约束和创新资源融合发展等方面有待于进一步提高，企业间合作研发对企业创新绩效的促进效应还没有完全释放出来。所以，①更加重视企业间合作研发的积极效应，构建合作研发生态系统。政府应更加重视企业间合作，重视政府服务生态、技术知识生态、市场交流生态和创新创业生态，积极构建合作研发生态系统。②优化升级企业间合作研发生态系统，提升系统内部与外部创新均衡协调力度。构建企业间合作研发生态系统评价指标体系，从横向和纵向进行动态对比分析，不断优化升级企业间合作研发生态系统,更加重视系统内部企业间合作研发和外部开放式合作研发的互动互联互通,提升企业创新绩效。③以城市群为主体形态,加快城镇化发展质量,不断发挥企业规模优势,更加关注政治不确定性的积极影响,充分发挥政治不确定对企业创新的促进作用。现有研究大部分过于关注不确定的消极影响,而忽视了不确定所具有的积极效应。我国作为世界第二大经济体,目前对内正在进行经济结构深度调整,对外需要不断开拓国际市场,推动形成全面开放新格局,既需要适度地进行宏观经济政策调整,又需要发挥政治不确定性的积极作用。④积极化解企业融资难融资贵等融资约束问题,增强企业创新绩效。目前,企业融资难融资贵已经成为制约我国企业技术研发投入增加和企业创新绩效提高的重要因素之一。所以,积极化解企业融资难融资贵等突出问题,积极开辟新的融资渠道,例如提高中期借贷便利合格担保品范围,不断创新融资方式,如开展股权、债券融资等。

第九章 教育投入与产业升级

产业升级是我国经济发展进入"新常态"以来亟待解决的关键问题之一（刘伟，2019；王桂军，陆潇潇，2019；刘志彪，2019；余淼杰，2020）。产业升级落实到企业层面，就是产业内部代表性企业是否能够实现优化升级（李永友，严岑，2018）。异质性企业贸易理论认为，生产率较低的企业只能在国内生产，只有生产率较高的企业才能出口。按照这种观点，在其他条件不变的情况下，只要不断提高企业生产率水平，企业就可以实现出口。在一定假设条件下，企业生产率在某种程度上可以表征企业升级状况。因此，本书用企业生产率水平衡量企业升级程度，研究教育培训对企业升级的影响，对于增强人力资本积累，提高服务企业全要素生产率，加快推进企业升级等具有重要的现实指导意义。

第一节 提出问题

生产率是反映整个生产过程中各投入要素对最终产出贡献度的综合效率指标，可以衡量经济增长主要驱动力是要素投入或技术进步。改革开放以来，我国经济高速增长的重要原因是全要素生产率稳步提升（刘世锦等，2014）。珀金斯（Perkins）等（2008）、朱（Zhu）（2008）和勃兰特（Brandt）等（2012）的测算也证实了这种观点。不过，随着发展阶段的提升，我国技术水平与国际前沿差距缩小，全要素生产率增长速度规律性地放缓（林毅夫，任若恩，2007），尤其是在收入水平接近高收入门槛、经济由高速增长向中高速增长阶段转换的时期，这种规律性越发明显（刘世锦等，2011）。据测算，金融危机以来，我国全要素生产率年均增速比之前二三十年平均水平下降了1个百分点以上（何建武，2014）。当前我们面临的现状是，一方面，随着服务业增加值占GDP的比例越来越大，服务业在经济增长中的重要性日益凸显，另一方面，服务企业生产率具有低速增长的特征，且目前我国服务企业生产率低于制造业。如何提高服务企业生产率是一个值得深入思考的问题。

本书以律师服务为例，深入探究律师教育培训对律师事务所生产率的影响，分别在微观、中观和宏观三个层面挖掘教育培训影响服务企业生产率的经济效应，对于增强人力资本积累，提高服务企业全要素生产率，加快推进服务企业国际化发展等具有重要的现实指导意义。律师服务是一种知识密集型服务，在海外投资、知识产权、兼并重组、海商海事、境内外上市及反倾销、反垄断等领域发挥着不可替代的作用。研究我国服务企业教育培训的生产率效应，便于提高教育培训的针对性、有效性和及时性，一方面有利于健全完善教育培训体制机制，积极推进我国律师队伍建设正规化、专业化和职业化，另一方面有利于提高服务质量和水平，充分发挥律师在全面推进依法治国中的职能作用，为我国实施"走出去"战略提供丰富的人才储备和坚实的人才保障。

第二节　人力资本对生产率的影响：一个对比

已有研究从不同视角研究了教育培训与企业生产率之间的关系。不过，由于存在约束条件，已有国内外文献对于服务企业教育培训的生产率效应研究仍存在较大发展空间。通过对已有文献的分析，本书认为，已有国内外文献仍存在较大发展空间。首先，研究视角亟须拓展。由于数据的来源渠道或挖掘技术等限制，已有研究大多在宏观层面或中观层面以典型制造业企业为代表，既忽视了微观企业之间的显著差异，又忽略了制造业与服务业之间的显著差异。其次，研究深度亟须深挖。尽管已有研究部分涉及了教育培训与企业生产率，不过，鲜有成果深入挖掘我国服务企业教育培训的生产率效应。本书认为，在微观、中观和宏观三个层面教育培训影响企业生产率的经济效应内涵是不同的。最后，研究时效亟须提高。由于数据搜集和来源渠道等存在约束，学术界大多利用世界银行提供的2000—2003年和2012年两个时间段的服务企业微观数据进行国际化研究。一般来说，经济变量具有渐近独立性特征，越接近现在的数据越具有代表性和说服力。因此，已有研究成果的实效性亟待提高。本书利用服务企业微观数据库，深入探究我国服务企业教育培训的生产率效应，对于增强人力资本积累，提高服务企业全要素生产率，加快推进服务企业国际化发展等具有重要的现实指导意义。

以下部分是这样安排的。第三节是研究设计，第四节是估计结果与分析，第五节是结论。

第三节 研究设计

一、研究方法

借鉴实验思想，本书以服务企业是否进行教育培训为划分依据，构建实验组（服务企业进行教育培训）与对照组（服务企业未进行教育培训），考察教育培训对服务企业生产率的影响。本书构造一个二元虚拟变量$Training_i = \{0,1\}$，当服务企业i进行教育培训时，Training取值为1，否则取值为0；同时本书还构造了二元虚拟变量$Time_t = \{0,1\}$，其中Time=0和Time=1分别代表服务企业进行教育培训前后时期。这样，教育培训对服企业生产率的实际影响可用下式表示：

$$\begin{aligned}\Delta \text{Productivity} &= E\left(\Delta \text{Productivity}_i \middle| \text{Training}_i = 1\right) \\ &= E\left(\text{Productivity}_{1i} - \text{Productivity}_{0i} \middle| \text{Training} = 1\right) \\ &= E\left(\text{Productivity}_{1i} \middle| \text{Training} = 1\right) - E\left(\text{Productivity}_{0i} \middle| \text{Training} = 1\right)\end{aligned}$$

（9-1）

式（9-1）中，$E\left(\text{Productivity}_{1i} \middle| \text{Training} = 1\right)$ 表示服务企业进行教育培训时服务企业生产率的变化量，$E\left(\text{Productivity}_{0i} \middle| \text{Training} = 1\right)$ 表示服务企业没有进行教育培训时服务企业生产率。由于无法得到某个进行教育培训的服务企业如果没有进行教育培训时的企业生产率，因此，$E\left(\text{Productivity}_{0i} \middle| \text{Training} = 1\right)$ 是无法观测的。很显然，后者是一种"反事实"。为了顺利考察教育培训对服务企业生产率的影响，本书需要采用特定的匹配方法对样本进行匹配，已达到对照组中的未进行教育培训的情况能够近似代表实验组中进行教育培训的服务企业如果没有进行教育培训时的情况。构建对照组，通常采用倾向得分匹配方法：

$$P(X_i) = Pr\left(\text{group} = 1 \middle| X_i\right) = \frac{\exp(\alpha X_i)}{1 + \exp(\alpha X_i)} \quad (9-2)$$

式（9-2）中，X_i 是可能影响服务企业生产率的系列变量，如工资、人力资本、创新等变量。通过估计Logit方法估计式（9-2），可以得到服务企业i的倾向得分$P(X_i)$。接着，依据倾向得分$P(X_i)$选择适当的匹配方法对样本进行匹配。一般来说，常用的匹配方法有最近邻匹配、半径匹配和核匹配。匹配完成后，计算实验组与对照组的平均差异，即平均处理效果ATT计算方式为

$$\text{ATT} = \frac{1}{N} \sum_i \left(\text{Producitvity}_{1i} - \sum_{j \in D(i)} w_{ij} \cdot \text{Producitvity}_{ci} \right) \quad (9-3)$$

经过匹配后，本书得到与实验组服务企业相匹配的对照组集合$D(i)$。那么，$E\left(\text{Productivity}_{0i} \middle| \text{Training} = 1\right)$ 可以较好地由 $E\left(\text{Productivity}_{0i} \middle| \text{Training} = 0\right)$ 替代。因此，式（9-1）可以转化为

$$\Delta \text{Productivity} = E\left(\text{Productivity}_{1i}\big|\text{Training}=1\right) - \\ E\left(\text{Productivity}_{0i}\big|\text{Training}=0\right), i \in D(i) \qquad (9\text{-}4)$$

根据毛其淋和许家云（2014），式（9-4）的一个等价性的可用于实证检验的表达为

$$\text{Prod}_{it} = \alpha_0 + \alpha_1 \cdot \text{Trai}_{it} + \alpha_1 \cdot \text{Time} + \zeta \cdot \text{Trai}_{it} \times \text{Time} + \xi X_{it} + \varepsilon_{it} \qquad (9\text{-}5)$$

式（9-5）中，交叉项$\text{Trai}_{it} \times \text{Time}$的估计系数$\zeta$较为准确地表示教育培训对服务企业生产率的因果影响。如果$\zeta>0$，说明进行教育培训前后，实验组的服务企业生产率水平大于对照组的服务企业生产率水平，即教育培训提高了服务企业生产率。为了避免可能存在测量偏差和变量遗漏，本书依次引入企业规模（Size）、人力资本（HC）、企业年龄（Age）、企业创新（Inno）、融资约束（Fcon）等变量。此外，本书还控制了非观测的地区特征和业务类型。

二、主要指标构建

教育培训。教育培训是增强企业人力资本积累和提高企业市场竞争力的重要途径。贝尔克（Berker）（1962）最早将人力资本投资细分为在职培训、学校教育和对信息的掌握，其中，后两者并不能由企业所单独把控，而是由员工的个体经历和社会阅历等因素所制约。员工在职培训可由企业单独掌握，是企业进行人力资本投资的直接途径。不过，在学界，教育培训对服务企业国际化的影响并没有取得共识。本书选择"本年度企业是否组织进行学习和培训"和"本年度企业组织学习和培训的费用"来衡量教育培训。

服务企业生产率。企业生产率是新新贸易理论的重要概念。企业生产率不同，同一产业内不同服务企业就会做出不同的国际化行为。宏观加总数据可能存在测量偏差和变量遗漏，容易产生内生性，实证检验结果往往是有偏的。本书利用固定效应模型估计服务企业当年的全要素生产率，尽量避免劳动生产率估计带来的内生性问题。

另外,根据实际需要,本书还对企业规模、平均工资、服务质量等变量进行了测算,并选择固定资产投资价格指数进行价格平减,剔除物价变化的影响,固定资产投资价格指数来自历年中国统计年鉴。

第四节 估计结果与分析

一、数据预处理

在进行计量分析之前,本书基于最近邻匹配方法为实验组(进行教育培训的服务企业)寻求适合的对照组(未进行教育培训的服务企业),结果发现,匹配前实验组和对照组倾向得分的密度函数存在明显差异,如果直接比较两组的服务企业生产率,其结果将存在显著偏差。匹配后两组的倾向得分分布情况较为理想,显示匹配效果较好。同时,本书进行匹配稳健性检验。结果显示,匹配前后实验组和对照组的个体特征存在显著差异。T检验表明各变量的均值在两组样本之间的差异已经不显著,匹配结果满足平衡检验的要求。

二、教育培训对服务企业生产率的影响

表 9-1 报告了教育培训对服务企业生产率的估计结果。其中第(1)列不纳入控制变量及未控制固定效应(地区效应和业务效应),以此作为基准回归。回归结果显示,教育培训的估计系数显著为正,说明初始年份实验组服务企业的生产率水平明显高于对照组,时间变量的估计系数为正,但不具有稳健性,说明不论是实验组服务企业还是对照组,生产率水平随着时间的变化有所增加但不稳健。交叉项的回归系数较为准确地表示教育培训对服务企业生产率的因果影响。表 9-1 显示,交叉项的回归系数显著为

正且通过 1% 水平的显著性检验,在一定程度上说明教育培训提高了服务企业生产率水平。为了检验这一结论是否具有稳健性,本书从第(2)列开始,逐步增加了企业规模、人力资本、企业年龄、企业创新、融资约束等控制变量和地区效应、业务效应等特定效应,结果发现,交叉项的估计系数显著为正,具有较高的稳健性。本书发现,在第(2)列中,交叉项的估计系数为 2.8430,表明平均而言,服务企业进行教育培训可以使得其生产率水平提高。另外,从控制变量的估计结果来看,人力资本、企业创新等变量的估计系数在 5% 的水平上显著为正,说明人力资本越丰富、创新力度越大的服务企业的生产率水平较高,这与张等(2015)的发现是较为一致的。张等(2015)以中国台湾地区为例,高素质的工人每增加 1%,企业生产率增加 0.93%~1.15%,企业增加值将增加 15937 美元,相当于整个制造业行业增加 12.7 亿美元。这种正向影响在高技术企业和坐落于科学园区的企业更为明显。不同之处在于本书以服务企业为例,而张等(2015)则以制造企业为例。企业规模、融资约束、企业年龄等变量的估计系数未能通过常规水平的显著性检验,说明企业规模大小、融资约束程度和企业年龄长短并未带来我国服务企业生产率平均水平的提高。赵春明等(2015)发现,融资约束显著降低了我国企业的全要素生产率,无论是出口企业还是非出口企业,融资约束都显著降低了企业全要素生产率,且对出口企业的限制作用更加明显,融资约束对非国有内资企业有显著的负向影响,对国有企业和外资企业影响不显著。本书认为,融资约束之所以对企业生产率产生不同的影响,主要原因是所选择的样本属性存在差异。

表 9-1 教育培训对服务企业生产率的影响

变量	最近邻匹配			半径匹配		
	(1)	(2)	(3)	(4)	(5)	(6)
Trai	3.2309*** (4.4702)	1.4432** (2.2430)	0.6525*** (6.1240)	4.3243*** (3.9252)	1.0752 (1.3975)	0.2319* (1.7023)
Time	1.0475* (1.7394)	1.1292 (0.8063)	0.0153 (0.8922)	0.7073 (0.9301)	0.9324 (1.0351)	0.0342 (0.9032)

续表

变量	最近邻匹配			半径匹配		
	（1）	（2）	（3）	（4）	（5）	（6）
Trai×Time	3.6302*** （5.0234）	2.8430*** （8.3498）	0.1521*** （6.3052）	2.2345*** （6.2083）	1.3072** （2.2236）	0.1245*** （5.0924）
常数项	12.9434*** （3.0832）	4.2397* （1.6280）	0.1087 （1.0209）	−6.3292*** （−8.3285）	−4.2732* （−1.9245）	0.0062*** （3.3257）
控制变量	No	Yes	Yes	No	Yes	Yes
地区效应	No	Yes	Yes	No	Yes	Yes
业务效应	No	Yes	Yes	No	Yes	Yes
R^2	0.0057	0.0214	0.0148	0.0135	0.0147	0.0051

注：***、**、* 分别表示1%、5%和10%的显著水平，括号内为相对应的 T 统计量。

教育培训有助于服务企业生产率水平的提高，那么，是否对服务企业生产率增长有所影响？对这一问题的继续探究有助于深入理解教育培训与企业生产率之间的内在机理和相互关联。本书运用双重差分模型估计了教育培训对服务企业生产率增长的影响，具体结果见表9-1第（3）列。回归结果显示，交叉项的估计系数在1%的水平上显著为正，具体来说，教育培训使得服务企业生产率平均增长了15.21%，这与苏洪和刘渝琳（2015）的发现是一致的。后者认为，政府应当加大教育培训，增加人力资本积累，减轻初始规模条件、文化距离阻碍和制度约束陷阱等3种潜路径对TFP增长存在的负向影响。

以上都是基于最近邻匹配方法所进行的估计分析。为了检验回归结果的稳健性，本书还选择了半径匹配法为实验组配对合适的对照组。基于半径匹配法的样本进行估计的结果报告在表9-1第（4）列、第（5）列和第（6）列。其中，第（4）列、第（5）列以服务企业生产率为结果变量，而第（6）列以服务企业生产率增长为结果变量。结果发现，不论是否增加了企业规模、人力资本、企业年龄、企业创新、融资约束等控制变量和地区效应、业务效应等特定效应，教育培训对服务企业生产率及生产率增长的影响均显著为正，显示回归结果均有较强的稳健性。在基于半径匹配法的估计中，平均而言，教育培训使得服务企业生产率水平提高1.3072，同时使得服务企业生产率增加12.45%。与本书结论紧密相关的成果是陈维涛等（2014）。后者认为，地区出口企业生产率的提高不仅有利于中国城镇和农村劳动者的人力资本投资，而且也有助于劳动者子女教育投入的增长，能够促进中国人力资本的长期积累和提升。这些结论尽管有利于引导我国出口结构向具有生产率优势的行业转变对于促进人力资本积累和长期经济增长，不过并未探究人力资本是否影响企业生产率的提高。相对于陈维涛等（2014），本书则以我国服务企业为例，选择倾向得分匹配方法，更加系统全面地评估了教育培训对服务企业生产率及生产率增长的微观影响。

三、不同类型教育培训与服务企业生产率

上文通过计量检查考察了教育培训对服务企业生产率的影响，发现教育培训不仅提高了服务企业生产率水平，而且也提高了企业生产率增长，随着而来的问题是不同服务企业的教育培育对生产率的影响是否一致，也即前文所得到的计量结果是否具有稳健性。

表9-2报告了不同业务的教育培训影响服务企业生产率的计量结果。本书按照业务类型细分为传统业务和非传统业务。为了节省篇幅，在报告计量结果时，本书省略了教育培训和时间变量对服务企业生产率的计量结果，仅仅报告了教育培训与时间变量交叉项的结果。表9-2显示，教育培训对传统业务类服务企业生产率的影响在10%的水平上显著为正，而对其企业生产率增长的影响则不太显著。与此相对照，教育培训对非传统业务类服务企业生产率的影响在5%的水平上显著为正，对其企业生产率增长的影响在1%的水平上显著为正。平均而言，教育培训使得服务企业生产率水平提高1.2476，同时使得服务企业生产率增加14.82%。坎佩尔曼（Kampelmann）和瑞克斯（Rycx）（2012）发现教育误配对企业生产率的影

响存在异质性,以教育培训为代表的人力资本对企业生产率的影响并未形成一致的结论。不过,坎佩尔曼和瑞克斯(2012)并未回答内在原因。本书以服务企业为例,按照业务类型针对每个不同样本进行了回归分析,在一定程度上回答了坎佩尔曼和瑞克斯(2012)提出的问题。与伊拉扎巴尔等(2010)和巴金斯等(2014)的观点相近,本书认为,以教育培训为主要途径的人力资本对服务企业生产率的影响呈现显著的异质性,业务类型、所有制、国际化程度等不同,这种影响也可能不同。

表 9-2 不同业务的教育培训对服务企业生产率的影响

变量	传统业务			非传统业务		
	(1)	(2)	(3)	(4)	(5)	(6)
Trai×Time	1.2592* (1.3143)	1.0424** (2.1543)	0.1067 (1.2543)	0.7924** (2.1992)	1.2476*** (4.5812)	0.1482*** (3.5921)
控制变量	No	Yes	Yes	No	Yes	Yes
地区效应	No	Yes	Yes	No	Yes	Yes
业务效应	No	Yes	Yes	No	Yes	Yes
R^2	0.1582	0.1329	0.0936	0.1265	0.1183	0.0745

注:***、**、*分别表示1%、5%和10%的显著性水平,括号内为相对应的T统计量。

表 9-3 报告了不同国际化的教育培训影响服务企业生产率的计量结果。本书按照国际化类型把服务企业细分为国际化型和非国际化型。为了节省篇幅,在报告计量结果时,本书省略了教育培训和时间变量对服务企业生产率的计量结果,仅仅报告了教育培训与时间变量交叉项的结果。表 9-3 显示,教育培训对非国际化型服务企业生产率的影响不太显著,对非国际化型服务企业生产率增长的影响在1%的水平上显著为正。具体来说,教育培训使得非国际化型服务企业生产率水平增加8.32%。同时,教育培训对国际化型服务企业生产率的影响在10%的水平上显著为正,对其企业生产率增长的影响在1%的水平上显著为正。平均而言,教育培训使得服务企

业生产率水平提高1.5622，同时使得服务企业生产率增加5.37%。歌德胡斯（Goedhuys）和斯莱韦根（Sleuwaegen）（2015）验证了本书的结论。他们通过分位数回归模型发现了人力资本投资提高企业国际化水平的可能性，建议企业应加大对工人的教育培训质量和力度。

表9-3 不同国际化的教育培训对服务企业生产率的影响

变量	出口			非出口		
	（1）	（2）	（3）	（4）	（5）	（6）
Trai×Time	1.1642 （0.9536）	1.3106* （1.8384）	0.0832*** （3.8464）	1.7043** （2.4573）	1.5622* （1.4714）	0.0537*** （5.6573）
控制变量	No	Yes	Yes	No	Yes	Yes
地区效应	No	Yes	Yes	No	Yes	Yes
业务效应	No	Yes	Yes	No	Yes	Yes
R^2	0.1125	0.1021	0.0936	0.0834	0.0765	0.1375

注：***、**、*分别表示1%、5%和10%的显著水平，括号内为相对应的T统计量。

四、教育培训的经济效应

微观层面包括成本效应和选择效应。企业进行教育培训，提高了企业人力资本积累，导致产品或者服务质量稳步增强，国内市场份额持续提升，通过本地市场效应进入国际市场，通过"出口中学习"效应提高了企业生产率。经济体人力资本的积累，显著增强企业创新能力（Caroli, et al., 2001），增强企业出口竞争力（Movahedi, et al., 2012），能够带来企业层面生产率水平增长（Lucas, 1988）。真纳约利（Gennaioli）（2013）的研究结论证实了这一点。相对于已有研究，真纳约利等（2013）考虑了企业家与普通工人跨区域流动，同时区分了企业家或管理者与普通职工的人力资本和人力资本外部性问题，结果发现，教育培训对企业生产率的影响存在成本效应。值得一提的是，真纳约利等（2013）认为，企业家精神投入对不同企业生产效率间的差异构成具有根本性的作用，人力资本外部性可能会夸大企业家精神投入的影响，而普通工人的人力资本也发挥了作用，但并非最主要因素。同时，根据新经济地理学的自有资本模型和新新贸易理论的异质性垄断竞争模型，进行教育培训的企业生产率高于未进行教育培训的企业，在选择效应的影响下，最有可能首先向大市场迁移，获得大市场带来的规模经济与范围经济，降低了企业生产成本的同时，提升了企业生产收益，最终提高了企业生产率。卢卡斯（Lucas）（2009）认为，人力资本积累得益于干中学，干中学外溢效果越明显，人力资本积累水平和速度就越充足，企业越有可能进入更大市场进行技术创新和产业升级。奇科内（Ciccone）和帕帕约安努（Papaioannou）（2009）认为，教育培训提升人力资本水平，提高区域产业结构转换能力，影响区域产业结构优化升级的演进速度和转换方向。

中观层面包括经验效应和循环效应。吉滕德拉（Jitendra）等（2016）认为，在社会认知过程中，个体经常受到以前经验或者经历的影响，不自觉地产生一种准备状态，按照固定的套路或者经验去作出决策。进行教育培训的企业降低了生产成本，提升了企业收益，提高了企业生产率。在下一个阶段，企业可能会受到前一阶段教育培训经历的影响，不自觉地产生继续教育培训的想法并作出决策，持续不断地提高企业生产率，形成良性循环效应。杨春艳、綦建红（2015）分析了出口经验有助于内资企业进入新市场的内在机理，即外资企业先行出口经验提高内资企业市场进入可能性，内资企业应充分利用外资企业先行出口经验，规避目标市场不确定性带来的风险。这些结论对于内资企业跨越相近或相似市场的生产率临界水平，成功进入其他相近或相似市场具有重要指导价值。不过杨春艳、綦建红（2015）并未探究出口经验影响内资企业国际市场进入动态选择的作用机制。本书以服务企业为例，认为内资企业在动态选择国际市场过程中受到外资企业出口经验或者经理的影响，选择相近或者相似的国际市场作为目的地，借助于"出口平台"特征和"出口经验"特性，降低了市场进入的固定成本，如信息搜寻成本、分销网络成本等，降低了国外市场的不确定性，提升了国际化收益，在促进企业生产率水平稳步提高与良性循环的同时，又促进企业的贸易时间稳步延续和贸易关系持续维系。汤学良和吴万宗（2015）赞同本书的观点。他们认为，企业的出口和员工培训决策具有显著的惯性作用，有出口经验的企业更有可能选择继续出口，有培训经历也会提高企业继续开展员工培训的概率。并且，出口经验会提高企业进行员工培训的概率，当期的出口决策和员工培训决策之间存在显著的互补性。

宏观层面包括集聚效应和收入效应。教育培训作为企业人力资本积累的重要途径，对服务企业生产率的影响在宏观层面表现为集聚效应和收入效应。经济全球化和贸易自由化的不断深入促进了生产要素的全球优化配置和价值链条的世界战略布局，潜移默化地改变着当今世界的政治经济版图。在消费领域，目前我国城乡居民消费结构正在由生存型消费向发展型消费升级、由物质型消费向服务型消费升级、由传统消费向新型消费升级，消费者对高品质产品和高质量服务的需求日趋旺盛，企业积累更多具有专业化技术、多元化思维、国际化经验的人力资本。然而，以高等院校传统教育为主的人力资本积累是否是最有效、最直接和最合理的人力资本积累方式目前已受到广泛质疑，以教育培训为代表的现代人力资本积累方式受到了越来越多企业家的关注。通过规范化、规模化和合理化的教育培训，员工学习专业技能成本大幅降低，培训回报率稳步提高，培训生产率溢价日趋显著，一方面通过集聚效应汇聚更多高层次高素质高水平的员工和高质量高标准的配套设施，如原材料供应、生产要素投入、技术研发基地等，另一方面通过收入效应提高员工收益的同时降低融资约束对企业生产率提高的制约。李和帕克（Park）（2016）、金贾拉克（Jinjarak）和维格纳拉杰（Wignaraja）（2016）、布埃（Bouët）和沃博吉（Vaubourgy）（2016）等研究表明，融资约束不仅能够影响企业规模分布和员工收入增长，而且影响企业全要素生产率和国际市场进入模式选择。

第五节 结　论

在一定假设条件下，本书利用企业生产率水平表征企业出口状况。结果显示，教育培训明显提高了服务企业生产率水平，显著促进了我国服务企业生产率增长，有助于加快推进我国服务企业出口发展。不过，教育培训较为显著地影响传统业务类服务企业生产率，而对传统业务类服务企业生产率增长的影响则不太显著。教育培训对非传统业务类服务企业生产率和企业生产率增长的影响比较显著。教育培训对非国际化型服务企业生产率的影响不太显著，对非国际化型服务企业生产率增长的影响比较显著。同时，教育培训对国际化型服务企业生产率的影响较为显著，对国际化型服务企业生产率增长的影响比较显著。另外，本书认为，教育培训影响企业生产率的经济效应在微观层面表现为成本效应和选择效应，中观层面表现为经验效应和循环效应，宏观层面表现为集聚效应和收入效应。

第十章 研究结论展望

第一节 基于全过程的服务投入与企业出口速度问题

企业出口速度问题是目前国际经济学和国际商务研究领域的前沿问题。目前主流研究仍然在 OLI 范式和内部化理论框架下研究企业国际化的原因（Why）、市场（Where）和方式（How）等问题，几乎忽略对企业国际化的速度（Time）问题。其实，出口速度是表征企业国际化进程节奏的核心问题，体现企业国际化过程动态特征的标志事件和国际化原因、国际化市场、国际化方式等问题一起从不同视角刻画企业国际化的整个过程。有鉴于此，普拉尚瑟姆和杨（2011）明确指出，时间是企业国际化进程的中心问题，速度是最为重要的时间维度。正如第六章所说，国外企业出口速度研究已经开展几十年了，而国内则刚刚开始，存在巨大的发展空间。王益民等（2017）基于全过程视角对出口速度前沿研究进行了评述，对后续研究提供了重要的理论参考。目前，企业出口速度研究主要集中于制造业企业，很少拓展到企业，与异质性企业贸易理论结合起来的成果几乎没有。未来可以将研究视角拓宽到异质性企业出口速度方面，尝试研究企业国际化不同阶段的速度与企业生产率之间的关系，如企业国际化初始速度、进入后速度分别与企业生产率之间的关系，企业生产率对国际化初始速度与进入后速度的内在联系是否存在影响等。

第二节 跨国企业相关问题研究

梅里兹（2003）认为，只有少量生产率水平较高的企业进入国际市场，另外一些企业由于生产率水平没有达到要求，因此只能在国内市场进行生产销售。事实上，进入国际市场的出口企业同样普遍存在异质性。例如，2000年，美国1%的出口企业的贸易额占据了美国81%的出口贸易份额，另外99%的出口企业只占据19%的贸易份额（Bernard, et al., 2009）。根据美国2009年经济分析局（Bureau of Economic Analysis of USA）提供的数据显示，在国内生产的产品销售到国外市场的贸易份额仅占美国大企业全球销售额的25%（Pol Antràs and Stephen R.Yeaple, 2013）。其余75%的贸易份额发生在美国跨国公司外国分支机构之间（Yeaple, 2012）。另外，根据美国人口统计局（the U.S. Census Bureau）提供的数据显示，美国90%的进出口贸易流发生在跨国公司之间，接近一半的美国进口贸易发生在跨国公司边界之内而不是彼此之间（Bernard, et al., 2009）。为什么有些公司最后发展成为跨国公司，而另外一些公司则没有？跨国公司如何在全球进行生产布局？跨国公司为什么倾向于建立分支机构而不是与外部供应者签订合同？未来的研究可以在企业异质性假设下，从企业生产率与产品品质两个层面，考虑跨国公司国际市场的模式选择、贸易流量、福利分配、组织生产、空间定位等问题，也可以考虑在经济全球化背景下跨国公司的边界划定、激励机制、委托授权、层级结构等问题（Grossman, Helpman, 2004；Antràs, Garicano, Rossi-Hansberg, 2006a, 2006b；Marin, Verdier, 2009；Puga, Trefler, 2010；Caliendo, Rossi Hansberg, 2012），也可以考虑跨国公司行为选择与外商直接投资流向（Klein, Peek, Rosengren, 2002；Desai, Foley, Hines, 2004；Antràs, Desai, Foley, 2009），也可以考虑跨国公司全球组织生产与组织结构优化问题（Spencer, 2005；Helpman, 2006；Antràs, Rossi-Hansberg, 2009）。

第三节 贸易中介对企业国际化的影响

在企业异质性视角下,未来的研究可以尝试在传统贸易中介理论和新新贸易理论的基础上,融入不完全合约理论、企业内生边界理论与新新经济地理学理论等,构建了包含不完全合约与贸易中介的异质性企业贸易模型,包含贸易中介、贸易成本和竞争强度的异质性企业贸易模型,包含搜寻摩擦、议价能力与产品质量的异质性企业贸易模型,包含外在冲击与贸易中介的异质性企业贸易模型等四个模型,探究贸易中介对企业国际化的影响,着重分别研究贸易中介影响企业国际化模式,贸易中介影响企业国际化流量,贸易中介影响企业国际化福利,贸易中介影响企业国际贸易波动的内在机理,重点解决贸易中介对企业出口的集约边际与扩展边际的影响机理、阐释企业国际贸易零值大量的可能诱因等问题,在一定程度上有利于丰富和扩展新新贸易理论的内涵,为我国实行更加积极主动的开放战略,全面提高开放型经济水平提供理论支撑和政策建议。

第四节 我国企业出口贸易与双向投资良性互动机制研究

以我国经济发展进入新常态和双向投资即将实现首次平衡为研究背景,以企业出口贸易与双向投资为切入点,结合新新贸易理论和空间经济学,通过理论与实证分析,探究出口贸易与双向投资良性互动机制的科学合理性,检验两者良性互动机制及其对企业生产率和福利效应的影响,并在各个维度下比较制造业和服务业的异同,为新常态下转变外贸发展方式,推动外贸结构调整和转型升级，加快培养外贸竞争新优势提供了理论基础和实践依据。具体研究目标包括：①运用中介效应程序，检验出口贸易与双向投资良性互动机制是否存在，如果存在，在区域、行业或所有权等方面是否具有异质性。②探究出口贸易与外商直接投资之间的良性互动机制和出口贸易与外商直接投资之间的良性互动机制。③分析出口贸易与双向投资对企业生产率和福利效应的影响，比较这种影响在制造业和服务业之间的异同。建议紧密结合我国外贸进入新常态的时代背景，分析了我国企业出口贸易与双向投资良性互动机制，揭示企业出口贸易与双向投资良性互动对企业生产率的影响。研究内容主要包括：

第一，出口贸易影响对外直接投资的机制：学习效应和贸易成本。

引入学习效应或贸易成本作为中介变量，研究我国服务企业出口贸易对对外直接投资的机理。具体方法是按照贾德（Judd）和基尼（Keeny）（1981）、巴伦（Baron）和肯尼（Kenny）(1986) 和温忠麟等（2004）提出的中介效应程序，利用面板数据，检验学习效应或贸易成本是否是出口贸易影响对外直接投资的机制，具体内容包括变量及数据选取、中介效应的检验结果及分析、内在机理阐释和结论等四部分。

研究我国服务企业出口的学习效应对外商直接投资的影响。在伯纳德等（2007）、梅耶（Mayer）和奥塔维亚诺（2008）和雅格孙（Jakosson）（2014）的基础上，假设对外直接投资是一个动态过程，劳动力市场是完全竞争的，可以在一个国家内部流动，但不能在国家间流动，存在冰山型成本，研发只能在北方（发达国家）进行等，构建一个两个国家（北方和南方）的异质性服务企业动态一般均衡模型，分析出口的学习效应对企业选择垂直型FID或水平型FDI的影响，以及整个过程中北方和南方服务企业生产率和消费者福利的变化情况。接着，运用数值模拟，展示存在出口的学习效应的情况下，不同类型服务企业（国内生产、出口和对外直接投资）生产率之间的关系是否符合梅里兹（2003）出口学习效应的成本与FDI模式选择之间的关系。最后，结论与启示。

研究我国服务企业出口的贸易成本对外商直接投资模式（VFDI和

HFDI）的影响。首先，在赫尔普曼等（2004）和松浦（Matsuura）和早川（Hayakawa）（2012）的基础上，构建一个两个国家两个阶段的异质性企业贸易模型，探究贸易成本如何影响服务企业在国内生产、VFDI 和 HFDI 之间选择，之后得到一些重要命题。其次，分析贸易成本影响企业选择对外直接投资模式（VFDI 和 HFDI）的内在机理。再次，构建 MLM（Multinomial Logit Model）模型，选择指标和数据处理，显示基本变量的描述性统计，并进行计量回归分析和稳健性检验。最后，结论与启示。

第二，出口贸易影响外商直接投资的机制：空间集聚和贸易成本。

引入空间集聚或贸易成本作为中介变量，研究我国服务企业出口贸易对外商直接投资的机理。具体方法是按照费德和基尼（1981）、巴伦和肯尼（1986）和温忠麟等（2004）提出的中介效应程序，利用面板数据，检验空间集聚或贸易成本是否是出口贸易影响外商直接投资的机制，具体内容包括变量及数据选取、中介效应的检验结果及分析、内在机理阐释和结论等四部分。

研究我国服务企业出口的空间集聚对外商直接投资的影响。一方面，分析我国服务企业出口的空间集聚效应。具体内容是利用探索性空间数据分析技术描述我国服务企业出口的空间集聚，并利用 OLS、SLM 和 SEM 方法进行传统计量回归和空间计量回归。另一方面，分析服务企业出口通过空间集聚机制对外商直接投资影响。首先，服务企业出口通过空间集聚机制影响对外商直接投资流入的机理分析。接着，构建动态面板回归模型，选择指标和数据处理，以及计量结果分析。再次，为了较好地处理变量内生性问题，分别采用差分 GMM 和系统动态 GMM 方法进行稳健性分析。最后，结论与启示。

研究我国服务企业出口的贸易成本如何影响外商直接投资。首先，将贸易成本细分为可变成本和固定成本，在希尔德（Sheard）（2012）的基础上，构建异质性企业贸易模型，理论分析可变成本和固定成本如何影响企业选择对外商直接投资模式成功进行国际市场及企业选择对外直接投资进行国际市场的时间选择。其次，在理论分析基础上，经过证明，提出命题，分析其合理性。再次，运用数值模拟的方法，检验可变成本和固定成本对企业选择 FDI 进行国际市场的概率和时间选择的影响。最后，结论与启示。

第三，对外直接投资影响出口贸易的机制：逆向技术溢出和本地市场效应。

引入逆向技术溢出或本地市场效应作为中介变量，研究我国服务企业对外直接投资对出口贸易的机理。具体方法是按照贾德和基尼（1981）、巴伦和肯尼（1986）和温忠麟等（2004）提出的中介效应程序，利用面板数据，检验服逆向技术溢出或本地市场效应是否是对外直接投资影响出口贸易的机制，具体内容包括变量及数据选取、中介效应的检验结果及分析、内在机理阐释和结论等四部分。

探讨我国服务企业对外直接投资逆向技术溢出对全国及东、中、西地区出口贸易的影响。首先，将 OFDI 及其逆向技术溢出进行分类。根据流向地区，将 OFDI 分为发达经济体、资源丰裕类国家、新兴经济体及其他发展中国家 4 类。根据投资类型和投资动机将 OFDI 逆向技术溢出分别分为水平型、垂直型两类和市场寻求型、效率寻求型、技术寻求型和资源寻求型四类。其次，分析各类服务企业 OFDI 逆向技术溢出影响出口贸易的机理。接着，基于科埃（Coe）和赫尔普曼（1995）、利希特内格（Lichtenerg）和陶（Potterie）(2001) 和比泽尔（Bitzer）和克里克斯（Kerekes）(2008)，构建模型，并进行数据处理，显示基本变量的描述性统计。再次，分别以总样本、分地区、不同投资类型和不同投资动机为样本，实证分析 OFDI 逆向技术溢出对出口贸易的影响，并进行稳健性分析。最后，结论与启示。

探讨我国服务企业对外直接投资通过资源配置效率机制对我国出口贸易的影响。根据克鲁格曼（1980），存在本地市场效应的国家在满足自身需求之外必将增加出口，因此，只需探究对外直接投资与本地市场效应之间是否存在紧密关系。首先，我们提出假说：企业对外直接投资通过逆向技术溢出、国外需求回流和中间产品生产等途径影响国内企业技术、市场需求和收入状况，不断衍生出市场新需求。其次，构建计量模型进行实证检验，包括构建 VFDI 和本地市场效应的计量面板模型，选择变量和处理数据。再次，进行实证分析，检验假说是否存在，不同行业和区域是否存在差异等。最后，结论与启示。

第四，外商直接投资影响出口贸易的机制：资源配置效率和本地市场效应。

引入资源配置效率或本地市场效应作为中介变量，研究我国服务企业外商直接投资对出口贸易的机理。具体方法是按照贾德和基尼（1981）、巴伦和肯尼（1986）和温忠麟等（2004）提出的中介效应程序，利用面板数据，检验服资源配置效率或本地市场效应是否是外商直接投资影响出口贸易的机制，具体内容包括变量及数据选取、中介效应的检验结果及分析、内在机理阐释和结论等四部分。

探讨我国服务企业外商直接投资通过资源配置效率机制对我国出口贸易的影响。采用2000—2007年中国制造业企业层面微观数据，实证考察了外商直接投资对制造业行业资源配置效率的影响，进而对制造业企业出口贸易的影响。首先，接受谢（Hsieh）和克莱诺（2009）和龚关、胡关亮（2013）的建议，利用投入要素的边际产出价值的离散程度计算样本期间内我国制造业企业资源配置效率。其次，选择变量和处理数据。再次，进行实证分析与结果，重点考察外商直接投资企业对制造业企业资源配置效率的影响程度，并且探究外资企业的哪些因素发挥主要作用，并用 LP 和 WLP 方法进行稳健性检验。最后，结论与启示。

探讨我国服务企业外商直接投资通过资源配置效率机制对我国出口贸易的影响。根据克鲁格曼（1980），存在本地市场效应的国家在满足自身需求之外必将增加出口，因此，只需探究外商直接投资与本地市场效应之间是否存在紧密关系。首先，提出命题并进行理论分析，认为外商直接投资通过技术溢出、开发需求、引导需求和累计投资等途径产生市场新需求，利用循环累积效应不断强化本地市场效应。其次，构建计量模型进行实证检验，包括构建 IFDI 和本地规模效应的计量面板模型，选择变量和处理数据。再次，进行实证分析，检验两者之间是否存在正向促进关系，是否存在门槛效应，不同区域是否存在差异等。最后，结论与启示。

参 考 文 献

陈强.高级计量经济学及 Stata 应用（第二版）[M].高等教育出版社，2014：555-556.

代丽华.贸易开放如何影响 PM2.5——基于淮河两岸供暖政策差异的因果效应研究[J].管理评论，2017（5）.

戴觅，余淼杰.企业出口前研发投入、出口及生产率进步——来自中国制造业企业的证据[J].经济学（季刊），2011（1）：211-230.

戴翔.中国制造业出口内涵服务价值演进及因素决定[J].经济研究，2016（9）：44-57.

方宏，王益民."欲速则不达"：中国企业国际化速度与绩效关系研究[J].科学学与科学技术管理，2017（2）：158-170.

郭平.政策不确定性与企业研发投资[J].山西财经大学学报，2016（10）：1-12.

胡翠，林发勤，唐宜红.基于"贸易引致学习"的出口获益研究[J].经济研究，2015（3）：174-188.

黄胜，叶广宇，丁振阔.国际化速度、学习导向与国际新创企业的国际绩效[J].科学学与科学技术管理，2017（7）：141-154.

黄胜，叶广宇，申素琴，等.企业国际化速度研究评述[J].科研管理，2017（6）：125-134.

贾倩，孔祥，孙铮.政策不确定性与企业投资行为——基于省级地方官员变更的实证检验[J].财经研究，2013（2）：81-91.

江艇，孙鲲鹏，聂辉华.城市级别、全要素生产率和资源错配[J].管理世界，2018（3）：38-50.

李春顶，王领.异质性企业的出口贸易行为选择与经济效应——新-新贸易理论的模型扩展及其对我国的启示[J].商业经济与管理，2009（8）：43-52.

李春顶，何传添，林创伟.中美贸易摩擦应对政策的效果评估[J].中国工业经济，2018（10）：137-155.

李坤望，邵文波，王永进.信息化密度、信息基础设施与企业出口绩效[J].管理世界，2015（4）：52-65.

李志远，余淼杰.生产率、信贷约束与企业出口：基于中国企业层面的分析[J].经济研究，2013（6）：85-99.

刘修岩，董会敏.出口贸易加重还是缓解中国的空气污染——基于$PM2.5$和SO_2数据的实证检验[J].财贸研究，2017（1）：76-84.

鲁晓东，刘京军.不确定性与中国出口增长[J].经济研究，2017（9）：41-56.

罗党论，廖俊平，王珏.地方官员变更与企业风险——基于中国上市公司的经验证据[J].经济研究，2016（5）：130-142.

马述忠，郑博文.中国企业出口行为与生产率关系的历史回溯：2001—2007[J].浙江大学学报（人文社会科学版）预印本，2010（7）：10-19.

毛其淋，盛斌.贸易自由化、企业异质性与出口动态——来自中国微观企业数据的证据[J].管理世界，2013（3）：48-68.

毛其淋，盛斌.中国制造业企业的进入退出与生产率动态演化[J].经济研究，2013（4）：16-29.

钱学锋，王胜，陈勇兵.中国的多产品出口企业及其产品范围：事实与解释[J].管理世界，2013（1）：9-27.

任力，黄崇杰.国内外环境规制对中国出口贸易的影响[J].世界经济，2015（5）：59-80.

茹玉骢，李燕.电子商务与中国企业出口行为：基于世界银行微观数据的分析[J].国际贸易问题,2014(12):3-13.

苏振东,洪玉娟,刘璐瑶.政府生产性补贴是否促进了中国企业出口?——基于制造业企业面板数据的微观计量分析[J].管理世界,2012(5):24-42.

汤二子,李影,张海英.异质性企业、出口与"生产率悖论"——基于2007年中国制造业企业层面的证据[J].南开经济研究,2011(3):79-96.

唐宜红,张鹏杨.反倾销对我国出口的动态影响研究——基于双重差分法的实证检验[J].世界经济研究,2016(11):33-46.

唐宜红.金砖国家出口产品质量的测度及比较分析[J].国际商务研究,2017(3):32-42.

唐宜红,符大海.经济全球化变局,经贸规则重构与中国对策——"全球贸易治理与中国角色"圆桌论坛综述[J].经济研究,2017(5):203-206.

唐宜红,王文晓.贸易自由化与收入差距—基于出口质量视角的研究[J].东南大学学报(哲学社会科学版),2016(6).

唐宜红,林发勤.内需的扩大是增加还是减少出口?——基于异质企业视角的理论模型和实证研究[J].国际商务研究,2016(2):5-17.

唐宜红,齐先国.全球军品贸易政策变迁及对我国的启示[J].国际贸易,2015(2):25-31.

唐宜红.全球贸易与投资政策研究报告(2016)——国际贸易与投资新规则的重构[M].人民出版社,2017.

唐宜红.生产率高的高校是否存在更多的教育出口?——基于中国"211"高校的经验证据[J].国际服务贸易评论,2016(8).

王灏,孙谦.海外政治不确定性如何影响我国对外直接投资?[J].上海经济研究,2018(6):68-78.

王杰,刘斌.环境规制与企业全要素生产率——基于中国工业企业数据的经验分析[J].中国工业经济,2014(3):44-56.

王益民,梁枢,赵志彬,等.国际化速度前沿研究述评:基于全过程视角的理论模型构建[J].外国经济与管理,2017(9):99-113.

邢斐, 王书颖, 何欢浪. 从出口扩张到对外贸易"换挡": 基于贸易结构转型的贸易与研发政策选择[J]. 经济研究, 2016 (4): 89-101.

许和连, 成丽红. 制度环境、创新与异质性服务业企业TFP——基于世界银行中国服务业企业调查的经验研究[J]. 财贸经济, 2016 (10): 132-146.

杨瑞龙, 刘刚. 企业的异质性假设和企业竞争优势的内生性分析[J]. 中国工业经济, 2002 (1): 88-95.

易靖韬, 傅佳莎. 企业生产率与出口: 浙江省企业层面的证据[J]. 世界经济, 2011 (5): 74-92.

余淼杰. 国际贸易的政治经济学分析: 理论模型与计量实证[M]. 北京大学出版社, 2009.

张成, 陆旸, 郭路, 等. 环境规制强度和生产技术进步[J]. 经济研究, 2011 (2): 115-126.

张会清. 地区营商环境对企业出口贸易的影响[J]. 南方经济, 2017 (10): 79-93.

张杰, 李勇, 刘志彪. 出口促进中国企业生产率提高吗?——来自中国本土制造业企业的经验证据: 1999~2003[J]. 管理世界, 2009 (12): 18-33.

张龑, 孙浦阳. 双边营商环境、契约依赖和贸易持续期——基于中国企业微观数据的实证研究[J]. 财经研究, 2016 (4): 49-60.

张艳, 唐宜红, 周默涵. 服务贸易自由化是否提高了制造业企业生产效率[J]. 世界经济, 2013 (11): 51-71.

赵伟, 赵金亮, 韩媛媛. 异质性、沉没成本与中国企业出口决定: 来自中国微观企业的经验证据[J]. 世界经济, 2011 (4): 62-79.

周开国, 卢允之, 杨海生. 融资约束、创新能力与企业协同创新[J]. 经济研究, 2017 (7): 94-108.

周梦天, 王之. 空气质量信息公开会影响城市房价吗?——基于我国各城市公开PM2.5监测数据的自然实验[J]. 世界经济文汇, 2018 (3): 20-42.

Shariff A A, Zaharim A, Sopian K. The Comparison Logit and Probit Regression Analyses in Estimating the Strength of Gear Teeth European Journal of Scientific

Research[J].European Journal of Scientific Research, 2009 (27): 548-553.

Abadie A, Imbens G W. Bias Corrected Matching Estimators for Average Treatment Effects[J].Journal of Business and Economic Statistics, 2011 (29): 1-11.

Acedo F J, Jones M V.Speed of internationalization and entrepreneurial cognition: Insights and a comparison between international new ventures, exporters and domestic firms[J]. Journal of World Business, 2007 (42): 236-252.

JaeBin A, Amit K, Wei S J. The Role of Intermediaries in Facilitating Trade[J]. Journal of International Economics, 2011 (84): 73-85.

Akerman A. A Theory on the Role of Wholesalers in International Trade based on Economies of Scope[J]. Canadian Journal of Economics/revue Canadienne Déconomique, 2018, 51 (1): 156-185.

Almeida R, Carneiro P. The Return to Firm Investments in Human Capital[J]. Labor Economics, 2009 (16): 97-106.

Ambec S, Cohen M A, Elgie S, et al. The Porter Hypothesis at 20: Can Environmental Regulation Enhance Innovation and Competitiveness?[J]. Review of Environmental Economics & Policy, 2013 (1): 2-22.

Amil P, James L. Measuring Aggregate Productivity Growth Using Plant-Level Data[J]. RAND Journal of Economics, 2012 (43): 705-725.

Anderson P, Anderson E.The new e-commerceintermediaries[J].MIT Sloan Management Review, 2002 (43): 53-62.

Andries G, Sauermann J. The Effects of Training on Own and Coworker Productivity: Evidence from a Field Experiment[J].Economic Journal, 2012 (122): 376-399.

Antoine B, Anne G V. Financial Constraints and International Trade with Endogenous Mode of Competition[J].Journal of Banking and Finance, 2016.

Antoine G. Product quality and firm heterogeneity in international trade[J]. Canadian Journal of Economics/Revue canadienne d'économique, 2016.

Antràs A C. Intermediation and Economic Integration[J].American Economic Review, 2010 (100): 424-428.

Antràs Y. Multinational Firms and the Structure of International Trade[R].NBER Working Papers 18775, 2013.

Antràs F. Contracts and Trade Structure, the Quarterly Journal of Economics[M]. MIT Press, 2003.

Antweiler W, Copeland B R, Taylor M S. Is Free Trade Good for the Environment? [J].American Economic Review, 1998 (91): 877-908.

Aristei D, Castellani D, Franco, C. Firms Exporting and Importing Activities: Is There a Two-way Relationship? [J].Review of World Economics, 2013 (149): 55-84.

Atanassov J, Julio B, Leng T. The Bright Side of Political Uncertainty: The Case of R&D[R]. Working Paper, 2015.

Autio E, Sapienza H J, Almeida J G.Effects of age at entry, knowledge intensity and imitability on international growth[J]. Academy of Management Journal, 2000 (43): 909-924.

Barney J B.Firm resources and sustained competitive advantage[J]. Journal of Management, 1991 (17): 99-120.

Bas M. Input-trade Liberalization and Firm Export Decisions: Evidence from Argentina[J]. Journal of Development Economics, 2012 (97): 481-493.

Maria B, Orsetta C. Trade and Product Market Policies in Upstream Sectors and Productivity in Downstream Sectors: Firm-level Evidence from China[J]. Journal of Comparative Economics, 2013 (41): 843-862.

Yong H, Jun-yang L, Xue-pin W, Jiao-jiao J.Impact of e-Commerce on International Trade—Based on a Iceberg Cost Model[J].International Journal of Trade, Economics, and Finance, 2011 (2): 175-178.

Becker S O, Egger P H. Endogenous Product versus Process Innovation and a Firm's Propensity to Export[J]. Empirical Economics, 2009, 44 (1): 1-26.

Ben, Shepherd. Productivity Linkages between Services and Manufacturing: Firm-level Evidence from Developing Countries[R]. MPRA Paper, 2012.

Bernard A B, Redding S J, Schott P K. Comparative Advantage and Heterogeneous Firms[R].C.E.P.R. Discussion Papers, 2004.

Andrew B B, Stephen J R, Peter K S. Products and Productivity[J].Scandinavian Journal of Economics, Wiley Blackwell, 2009 (111): 681-709.

Bernard A B, Grazzi M, Tomasi C. Intermediaries in International Trade: Direct Versus Indirect Modes of Export[J]. Cep Discussion Papers, 2012.

Bernard A B, Jensen J B, Redding S J, et al. Wholesalers and Retailers in US Trade[J]. Social ence Electronic Publishing, 2010, 100 (2): 408-413.

Bernard A B, Grazzi M, Tomasi C. Intermediaries in International Trade: direct versus indirect modes of export[J]. LEM Papers Series, 2010.

Berulava G. Services Inputs and Export Performance of Manufacturing Firms in Transition Economies[R].EERC Working Paper, 2011.

Beverelli C, Fiorini M, Hoekman B. Services Trade Restrictiveness and Manufacturing Productivity: The Role of Institutions[R].CEPR Discussion Papers, 2015.

Bianco M, F B.Administrative Burdens on Business Activities: Regional Disparities[J]. Giornale degli Economisti e Annali di Economia, 2010 (69): 37-79.

Bity D, Mbaye D. Human Capital Productivity and Uncertainty, Human Capital Productivity and Uncertainty[R]. CERDI Working Papers, 2015.

Bloom N, Sadun R, Reenen J V. Americans Do I.T. Better: US Multinationals and the Productivity Miracle[J]. American Economic Review, 2010 (102): 167-201.

Breinlich, H, Criscuolo C. International Trade in Services: A Portrait of Importers and Exporters[J]. Journal of International Economics, 2011 (84): 188-206.

Brogaard J, Detzel A. The Asset Pricing Implications of Government Economic Policy Uncertainty[J]. Management Science, 2015(61): 3-18.

Brouthers K D, Nakos G, Dimitratos P. SME entrepreneurial orientation, international performance, and the moderating role of strategic alliances[J]. Entrepreneurship Theory and Practice, 2015(39): 1161-1187.

Cassiman B, Golovko E, Martinez-Ros E. Innovation, exports and productivity[J]. International Journal of Industrial Organization, 2010, 28(4): 372-376.

Buckley P J, Clegg L J, Cross A R, et al. The Determinants of Chinese Outward Foreign Direct Investment[J]. Journal of International Business Studies, 2007(38): 499-518.

Cao C, Li X, Liu G. Political Uncertainty and Cross-Border Acquisitions[J]. Social ence Electronic Publishing, 2015.

Carlos C, NÃstor G. Productivity, Exit, and Crisis in the Manufacturing and Service Sectors[J]. Journal Developing Economies, 2015(53): 27-43.

Carmignani F. Political Instability, Uncertainty and Economics[J]. Journal of Economic Surveys, 2003(1): 1-54.

Casillas J C, Acedo F J.Speed in the internationalization process of the firm[J]. International Journal of Management Reviews, 2013(15): 15-29.

Casillas J C, Barbero J L, Sapienza H J.Knowledge acquisition, learning, and the initial pace of internationalization[J]. International Business Review, 2015(24): 102-114.

Casillas J C, Moreno A M, Acedo F J.Path dependence view of export behavior: A relationship between static patterns and dynamic configurations[J]. International Business Review, 2012(21): 465-479.

Casillas J C, Moreno-Menéndez A M. Speed of the internationalization process: The role of diversity and depth in experiential learning[J]. Journal of International Business Studies, 2014(45): 85-101.

Casillas J C, Acedo F J. Speed in the internationalization process of the firm[J]. International Journal of Management Reviews, 2013 (15): 15-29.

Cassey L. The Relationship between Innovation, Productivity and Exports: Some Preliminary Evidence from the Malaysian Manufacturing Sector[J]. Economics Bulletin, 2008 (12): 1-13.

Cavusgil S T, Knight G.The born global firm: An entrepreneurial and capabilities perspective on early and rapid internationalization[J].Journal of International Business Studies, 2015 (46): 3-16.

Celuch K G, Kasouf C J, Peruvemba V. The effects of perceived market and learning orientation on assessed organizational capabilities[J]. Industrial Marketing Management, 2002 (31): 545-554.

Imbriani C, Morone P, Testa G. Innovation, quality and exports: The case of Italian SMEs[J]. Journal of International Trade & Economic Development, 2014, 23 (8): 1089-1111.

Cesinger B, Fink M, Koed M T, et al. Rapidly internationalizing ventures: How definitions can bridge the gap across contexts[J]. Management Decision, 2012 (50): 1816-1842.

Chandler G N, Hanks S H. Measuring the performance of emerging businesses: A validation study[J].Journal of Business Venturing, 1993 (8): 391-408.

Chang Ching-Fu, Wang Ping, Liu Jin-Tan. Knowledge Spillovers, Human Capital and Productivity[J]. Journal of Macroeconomics, 2016 (47): 214-232.

Chang S J, Rhee J H.Rapid FDI expansion and firm performance[J]. Journal of International Business Studies, 2011 (42): 979-994.

Chau F, Deesomsak R, Wang J. Political Uncertainty and Stock Market Volatility in the Middle East and North African (MENA) Countries[J]. Journal of International Financial Markets, Institutions & Money, 2014 (28): 1-19.

Chen C I, Yeh C H.Re-examining location antecedents and pace of foreign direct investment: Evidence from Taiwanese investments in China[J]. Journal of Business Research, 2012 (65): 1171-1178.

Chen H Q, Li X D, Zeng S X, et al. Does state capitalism matter in firm internationalization? Pace, rhythm, location choice and product diversity[J]. Management Decision, 2016 (54): 1320-1342.

Chen Y Y, Ebenstein A, Greenstone M, et al. Evidence on the Impact of Sustained Exposure to Air Pollution on Life Expectancy from China's Huai River Policy[J].PNAS, 2013 (110): 12936-12941.

Chetty S, Campbell C. Paths to internationalization among small-to medium-sized firms: A global versus regional approach[J]. European Journal of Marketing, 2003 (37): 796-820.

Chetty S, Johanson M, Martín M O. Speed of internationalization: Conceptualization, measurement and validation[J]. Journal of World Business, 2014 (49): 633-650.

Chichilnisky G. North-South Trade and the Global Environment[J]. American Economic Review, 1994 (84): 851-874.

Cho H, Tansuhaj P S. Electronic Intermediaries: Research and Practice of Electronic Intermediaries in Export Marketing[J]. Innovative Marketing, 2011 (109): 102-104.

Choi C. The Effect of the Internet on Service Trade[J].Economics Letters, 2010 (109): 102-104.

Chong A, Gradstein M. Volatility and Firm Growth[J].Journal of Economic Growth, 2009 (14): 1-25.

Choonsik L, Heungju P. Financial Constraints, Board Governance Standards, and Corporate Cash Holdings[J].Review of Financial Economics, 2016 (28): 21-34.

Chrisman J J, Bauerschmidt A, Hofer C W. The determinants of new venture performance: An extended model[J]. Entrepreneurship Theory and Practice,

1998(23): 5-30.

Christiansen G B, Haveman R H. The Contribution of Environmental Regulations to the Slowdown in Productivity Growth[J]. Journal of Environmental Economics and Management, 1981(8).

Christos B, et al. Worker Training and Competing on Product Quality[R]. University of Cyprus Working Papers in Economics, 2014.

Ciavarella M A, Buchholtz A K, Riordan C M, et al. The big five and venture survival: Is there a linkage?[J]. Journal of Business Venturing, 2004(19): 465-483.

Clarke, G R G, Wallsten, S J. Has the Internet Increase Trade? Evidence from Industrial and Developing Countries[M]. World Bank Publications, 2004.

Bravo-Ortega C, Benavente J M, Gonzalez A. Innovation, Exports, and Productivity: Learning and Self-Selection in Chile[J]. Emerging Markets Finance & Trade, 2014, 50(jan.-feb.sup): 68-95.

Claudio F, Sona K, Alessandra V. Human Resources and Innovation: Total Factor Productivity and Foreign Human Capital[R]. Department of Economics and Statistics Cognetti de Martiis Working Papers, 2015.

Coase R. The Problem of Social Cost[J]. Journal of Law and Economics, 1960(3): 1-44.

Coeurderoy R, Murray G. Regulatory environments and the location decision: evidence from the early foreign market entries of new-technology-based firms[J]. Journal of International Business Studies, 2008(39): 670-687.

Cohen, W M, Levinthal, D A. Absorptive capacity: A new perspective on learning and innovation[J]. Administrative Science Quarterly, 1990(35): 128-152.

Cole M A, Elliott R J R. Determining the trade-environment composition effect: the role of capital, labor and environmental regulations[J]. Journal of Environmental Economics & Management, 2003, 46(3): 363-383.

Commander S, Svejnar J. Business Environment, Exports, Ownership and

Copeland B.R., Taylor MS.. North-South Trade and Environment[J]. Quarterly Journal of Economics, 1994 (109): 755-787.

Coviello N. Re-thinking Research on Born Globals[J]. Journal of International Business Studies, 2015 (46): 17-26.

Cui L, Peng P, Zhu L. Embodied Energy, Export Policy Adjustment and China's Sustainable Development: A Multi-Regional Input-Output Analysis[J]. Energy, 2015 (82): 457-467.

Cull R, Xu L C, Yang X, et al. Market facilitation by local government and firm efficiency: Evidence from China[J]. Journal of Corporate Finance, 2013: 1-44.

Cyert R M, March J G.A Behavioral Theory of the Firm[M].Englewood Cliffs: Prentice-Hall, 1963.

Dai L, Ngo P T H. Political Uncertainty and Accounting Conservatism[R]. Working Paper, 2015.

Damijan J P, Kostevc C, Polanec S. From Innovation to Exporting or Vice versa? [J].The World Economy, 2010 (33): 374-398.

Dean J M. Does Trade Liberalization Harm the Environment? A New Test[J]. Canadian Journal of Economics, 2002 (35): 819-842.

Dearden L, Reed H, Van R J. The Impact of Training on Productivity and Wages: Evidence from British Panel Data[J].Oxford Bulletin of Economics and Statistics, 2006 (68): 397-421.

Deng P, Yang M.Cross-border Mergers and Acquisitions by Emerging Market Firms: A Comparative Investigation[J]. International Business Review, 2015 (24): 157-172.

Dierickx I, Cool K. Asset stock accumulation and sustainability of competitive advantage[J]. Management Science, 1989 (35): 1504-1511.

Ding H, Fan H, Lin S. Connect to trade[J]. Journal of International Economics, 2018 (110): 50-62.

Diwan I, Keefer P, Schiffbauer M.Pyramid capitalism: political connections, regulation, and firm productivity in Egypt[R]World Bank Policy Research Working Pape, 2015.

Dweck C S.Motivational processes affecting learning[J]. American Psychologist, 1986 (41): 1040-1048.

Eslava M, Tybout J, Jinkins D, et al. A Search and Learning Model of Export Dynamics[M].Mimeo, 2008.

Elbadawi I, Mengistae T, Zeufack A. Market Access, Supplier Access and Africa, s Manufactured Export: An Analysis of the Role of Geography and Institutions[R].World Bank Policy Research Working Paper, 2006.

Chevassus-Lozza E, Gaigne C, Le Mener L. Does input trade liberalization boost downstream firms' exports? Theory and firm-level evidence[J]. Working Papers, 2012.

Overby E, Forman C. The Effect of Electronic Commerce on Geographic Trade and Price Variance in a Business-to-Business Market[R].NET Institute Working Papers, 2011.

Arik L. Environmental regulations and manufacturers' location choices: Evidence from the Census of Manufactures[J].Journal of Public Economics, 1996 (62): 5-29.

Bertrand M, Kramarz F. Does Entry Regulation Hinder Job Creation? Evidence from the French Retail Industry[J].Quarterly Journal of Economics, 2002 (117): 1369-1413.

Thomas F, Issam H, Peter H, et al. Business Environment and Firm Performance in European Lagging Regions[J]. social science electronic publishing, 2017.

Fasil C B, Borota T. World Trade Patterns and Prices: The Role of Productivity and Equality Heterogeneity[J]. Journal of Internaitonal Economics, 2013 (91): 68-81.

Felbermayr G, Jung B. Trade intermediation and the organization of exporters[J].

Munich Reprints in Economics, 2011.

Fernandes A M, Paunov C . Foreign Direct Investment in Services and Manufacturing Productivity: Evidence for Chile[J]. Journal of Development Economics, 2008, 97 (4730).

Renée B A, Heitor A, Daniel F, et al. Firm Performance[J]. The Review of Economics and Statistics, 2011 (93): 309-336.

Bellone F, Musso P, Nesta L, et al. International trade and firm-level markups when location and quality matter[J]. J Econ Geogr, 2016.

Frankel J, Rose A. Is Trade Good or Bad for the Environment? Sorting Out the Causality[J]. The Review of Economics and Statistics, 2005 (87): 85-91.

Freeman S, Edwards R, Schroder B.How smaller born-global firms use networks and alliances to overcome constraints to rapid internationalization[J]. Journal of International Marketing, 2006 (14): 33-63.

Norfazlina G, Akma A S S, Adrina S N, et al. Customer Information System Satisfaction and Task Productivity: The Moderating Effect of Training[J]. Procedia Economics & Finance, 2016, 37: 7-12.

Gregory G, Karavdic M, Zou S . The Effects of E-Commerce Drivers on Export Marketing Strategy[J]. Journal of International Marketing, 2007, 15 (2): 30-57.

George G.Slack resources and the performance of privately held firms[J]. Academy of Management Journal, 2005 (48): 661-676.

Gerschewski S, Rose E L, Lindsay V J.Understanding the drivers of international performance for born global firms: An integrated perspective[J]. Journal of World Business, 2015 (50): 558-575.

Goldberg P K, Khandelwal A K, Pavcnik N, et al. Imported Intermediate Inputs and Domestic Product Growth: Evidence from India[J]. the Quarterly Journal of Economics, 2010 (125): 1727-1767.

Gong Y, Huang J C, Farh J L. Employee learning orientation, transformational leadership, and employee creativity: The mediating role of employee creative self-efficacy[J]. Academy of Management Journal, 2009 (52): 765-778.

GÖrg H E, Strobl E, Walsh F. Why Do Foreign-owned firms pay more? The Role of on-the-job training[J]. Review of World Economics, 2007 (143): 464-482.

Graham R C, Morrill C K J, Morrill J B. The Value Relevance of Accounting under Political Uncertainty: Evidence Related to Quebec's Independence Movement[J]. Journal of International Financial Management and Accounting, 2005 (1).

Grant R M.The knowledge-based view of the firm: Implications for management practice[J].Long Range Planning, 1997 (30): 450-454.

Gray W B, Shadbegian R. Environmental Regulation and Manufacturing Productivity at the Plant Level[R]. NBER Working Paper, 1993.

Greenstone M, List J A. The Effects of Environmental Regulation on the Competiveness of U.S. Manufacturing[R].NBER Working Paper, 2012.

Grossman M, Krueger B. Environmental Impacts of a North American Free Trade Agreement[R]. NBER Working Paper, 1991.

Barone G, Cingano F. Service Regulation and Growth: Evidence from OECD Countries[J]. The Economic Journal, 2011 (121): 931-957.

Haans R F, Pieters C, He Z L.Thinking about U: Theorizing and testing U-and inverted U-shaped relationships in strategy research[J].Strategic Management Journal, 2016 (37): 1177-1195.

Hagen B, Zucchella A.Born global or born to run? The long-term growth of born global firms[J]. Management International Review, 2014 (54): 497-525.

Halpern L, Koren M, Szeidl. An Imported Inputs and Productivity[R].the Global Economy Working Papers, 2011.

Ghorbani H, Ansari A, Nafar M. The Study of Impact of Electronic Commerce Activities on Enhancing Customer Equity and Purchase Intention[J].

International Journal of Academic Research in Business and Social Sciences, 2014 (4): 644-657.

He Y, Li J, Wu, X, et al. Impact of E-commerce on International Trade-based on Iceberg Cost Model[J]. International Journal of Trade, Economics and Finance, 2011 (2): 175-178.

Hennart J F. The Accidental Internationalists: A Theory of Born Globals[J]. Entrepreneurship Theory and Practice, 2014 (38): 117-135.

Hilmersson M, Johanson M. Speed of SME internationalization and performance[J]. Management International Review, 2016 (56): 67-94.

Hilmersson M. Small and medium-sized enterprise internationalisation strategy and performance in times of market turbulence[J]. International Small Business Journal, 2014 (32): 386-400.

Hitt M A, Hoskisson R E, Kim H. International diversification: Effects on innovation and firm performance in product-diversified firms[J]. Academy of Management Journal, 1997 (40): 767-798.

Hmieleski K M, Baron R A. Entrepreneurs' optimism and new venture performance: A social cognitive perspective[J]. Academy of Management Journal, 2009 (52): 473-488.

Hoekman B, Shepherd B. Services Productivity, Trade Policy, and Manufacturing Exports[R].RSCAS Working Papers, 2015.

Breinlich H, Soderbery A, Wright G C. From Selling Goods to Selling Services: Firm Responses to Trade Liberalization[J]. Social ence Electronic Publishing, 2014.

Holger B. Heterogeneous Firm-level Responses to Trade Liberalization: A Test Using Stock Price Reactions[J]. Journal of International Economics, 2014 (93): 270-285.

Huang T, Wu F, Yu J, et al. Political Risk and Dividend Policy: Evidence from International Political Crises[J]. Journal of International Business Studies, 2015.

Ilke V B, Hylke V. Product and process innovation and firms' decision to export[J]. Journal of Economic Policy Reform, 2010 (13): 3-24.

Isaac H. Foreign Entry, Quality, and Cultural Distance: Product-level Evidence from US Movie Exports[J].Review of World Economics, 2014 (150): 371-392.

Jan B, Peter O, Evangelia V. Productivity Gains from Services Liberalization in Europe[R].CERGE-EI Working Papers, 2011.

Jantunen A, Nummela N, Puumalainen K, et al.Strategic orientations of born globals: Do they really matter[J]. Journal of World Business, 2008 (43): 158-170.

Jennifer A K. Firm Size and the Choice of Export Mode[R].Working Papers 1105, Gutenberg School of Management and Economics, Johannes Gutenberg-Universität Mainz, revised 29 Mar 2011, 2011.

Jens A, Javorcik B S, Mattoo A . Does Services Liberalization Benefit Manufacturing Firms Evidence from the Czech Republic[J].Journal of International Economics, 2011 (85): 136-146.

Jens A, Javorcik B, Lipscomb M, et al. Services Reform and Manufacturing Performance: Evidence from India[R].The World Bank Policy Research Centre Series Working Paper, 2012.

Jens C E. Political Uncertainty and Investment: Causal Evidence from U.S[R]. Gubernatorial Elections Working Paper, 2015.

Jens M A, Aaditya A, Jens M, et al. Services Reform and Manufacturing Performance: Evidence from India, Policy Research Working Paper Series[R]. the World Bank 5948, 2012.

Joachim W. Low-productive Exporters Are High-quality Exporters[J].Evidence from Germany, Economics Bulletin, 2014 (34): 745-756.

Johanson J, Vahlne J E. The mechanism of internationalisation[J]. International Marketing Review, 1990 (7): 11-24.

Johanson J, Vahlne, J E.The internationalization process of the firm – a model of knowledge development and increasing foreign market commitments[J].Journal of international business studies, 1977(8): 23-32.

John B, Amélie L. Firm Turnover and Productivity Growth in Canadian Manufacturing and Services Industries, 2000 to 2007[J]. Journal of Industry, Competition and Trade, 2014(14): 73-205.

Jones G R, Hill C W. Transaction cost analysis of strategy-structure choice[J]. Strategic Management Journal, 1988(9): 159-172.

Jones M V, Nicole E C. Internationalization: Conceptualizing an Entrepreneurial Process of Behavior in Time[J].Journal of International Business Studies, 2005 (36): 270-283.

José de S, Laura H, Sandra P. Has Trade Openness Reduced Pollution in China?[R]. Working Papers 2015-11, 2015.

Joseph F, Bernard H. Services Trade and Policy[J]. Journal of Economic Literature, 2010(48): 642-92.

Joseph F, Olga P, Julia W. Trade Effects of Services Trade Liberalization in the EU[R].IIDE Discussion Papers, 2008.

Julio B, Yook Y. Political Uncertainty and Corporate Investment Cycles[J]. Journal of Finance, 2012(67): 45-83.

Kalinic I, Forza C.Rapid internationalization of traditional SMEs: Between gradualist models and born globals[J]. International Business Review, 2012 (21): 694-707.

Karavdic M, Gregory G. Integrating e-commerce into Existing Export Marketing Theories: A Contingency Model[J]. Marketing Theory, 2005(5): 75-104.

Kasahara H, Lapham B. Productivity and the decision to import and export: Theory and evidence[J]. Journal of International Economics, 2013(89): 297-316.

Kelava A, Werner C S, Schermelleh-Engel K, et al. Advanced nonlinear latent variable modeling: Distribution analytic LMS and QML estimators of interaction and quadratic effects[J]. Structural Equation Modeling: A Multidisciplinary Journal, 2011 (18): 465-491.

Kesten J B, Mungan M C. Political uncertainty and the Market for IPOs[J]. Journal of Corporation Law, 2016.

Kexin B, Huizi M, Ping H. Informatization and Process Innovation: A China Case Study[J].Journal of Applied Sciences, 2013 (13): 1473-1478.

Khavul S, Pérez-Nordtvedt L, Wood E. Organizational entrainment and international new ventures from emerging markets[J]. Journal of Business Venturing, 2010 (25): 104-119.

Kim H, Kungy H. The Asset Redeployability Channel: How Uncertainty Affects Corporate Investment[R].New York: Cornell University, 2014.

Kiss A N, Danis W M, Cavusgil S T. International entrepreneurship research in emerging economies: A critical review and research agenda[J]. Journal of Business Venturing, 2012, 27 (2): 266-290.

Kiss A N, Danis W M. Country institutional context, social networks, and new venture internationalization speed[J]. European Management Journal, 2008 (26): 388-399.

Knight G A, Cavusgil S T. Innovation, organizational capabilities, and the born-global firm[J]. Journal of International Business Studies, 2004 (35): 124-141.

Knight G A, Kim D. International business competence and the contemporary firm[J]. Journal of International Business Studies, 2009 (40): 255-273.

Knight G A, Liesch P W. Internationalization: From incremental to born global[J]. Journal of World Business, 2016 (51): 93-102.

Konstantinos C, Vangelis T. Human Capital Contributions to Explain Productivity Differences[J]. Journal of Productivity Analysis, 2014, 41(3): 399-417.

Kropp F, Lindsay N J, Shoham A. Entrepreneurial, market, and learning orientations and international entrepreneurial business venture performance in South African firms[J]. International Marketing Review, 2006(23): 504-523.

Kugler M, Verhoogen E. Plants and Imported Inputs: New Facts and an Interpretation[J].American Economic Review Papers and Proceedings, 2009(99): 501-507.

Kuivalainen O, Sundqvist S, Servais P. Firms' degree of born-globalness, international entrepreneurial orientation and export performance[J]. Journal of World Business, 2007(42): 253-267.

Lai P. Utilizing the Access Value of Customers[J]. Business Horizons, 2014(57): 61-71.

Laura H, Sandra P. Environmental policy and exports: Evidence from Chinese cities[J].Journal of Environmental Economics and Management, 2014(68): 296-318.

Le H, Chang Y, Park D. Trade Openness and Environmental Quality: International Evidence[J].Energy Policy, 2016(92): 45-55.

Lee W, Pittman J, Saffar W. Political Uncertainty and Cost Stickiness: Evidence from National Elections around the World[J]. Working Paper, 2016.

Levinson B A, Taylor M S. Unmasking the Pollution Haven Effect[J]. International Economic Review, 2008(49): 223-254.

Li L, Qian G M, Qian Z M. Speed of internationalization: mutual effects of individual-and company-level antecedents[J]. Global Strategy Journal, 2015(5): 303-320.

Li Q, Maydew E L, Willis R H, et al.Corporate Tax Behavior and Political Uncertainty: Evidence from National Elections around the World[J]. Working Paper, 2015.

Limão N, Venables A J. Infrastructure, Geographical Disadvantage, Transport Costs and Trade[J]. World Bank Economic Review, 2001(15): 451-479.

Lin H Y, Chen Y, Qin X Z. Study on impacts of corporate international expansion speed on performance, based on institutional perspective: Empirical analysis from Chinese listed companies[J].Industrial Economics Research, 2013 (12): 89-99.

Lin J T, Da P, Davis S J, et al. China's International Trade and Air Pollution in the United States[J]. PNAS, 2014 (111): 1736-1741.

Lin W T. Family ownership and internationalization processes: Internationalization pace, internationalization scope, and internationalization rhythm[J]. European Management Journal, 2012 (30): 47-56.

Lin W T.How Do Managers Decide on Internationalization Processes? The Role of Organizational Slack and Performance Feedback[J]. Journal of World Business, 2014 (49): 396-408.

Liu L, Nath H K. Information and Communications Technology (ICT) and Trade in Emerging Market Economies[J]. Social ence Electronic Publishing, 2012, 49 (6): 67-87.

Lo T, Aand M D.On the Role of Imports in Enhancing Manufacturing Exports[J]. the World Economy, 2013 (36): 93-120.

Lu J W, Beamish P W. The internationalization and performance of SMEs[J]. Strategic Management Journal, 2001 (22): 565-586.

Lu Y, Zhou L, Bruton G, et al. Capabilities as a mediator linking resources and the international performance of entrepreneurial firms in an emerging economy[J]. Journal of International Business Studies, 2010 (41): 419-436.

Lu J, Liu X, Filatotchev I, et al. The Impact of Domestic Diversification and Top Management Teams on the International Diversification of Chinese Firms[J]. International Business Review, 2014 (23): 455-467.

Lu J W. The evolving contributions in international strategic management research[J].Journal of International Management, 2003 (9): 193-213.

Lu J W, Beamish P W.International Diversification and Firm Performance: The

Scurve Hypothese[J].Academy of Management Journal, 2004 (47): 598-609.

Luo Y D, Zhao J H, Du J J. The internationalization speed of ecommerce companies: An empirical analysis[J]. International Marketing Review, 2005 (22): 693-709.

Luo Y, Tung R L. International expansion of emerging market enterprises: A springboard perspective[J]. Journal of International Business Studies, 2007 (38): 481-498.

Machado G, Schaffer R, Worrell E. Energy and Carbon Embodied in the International Trade of Brazil: an Input-Output Approach[J]. Ecological Economics, 2001 (39): 409-424.

Magnus L. The Role of Services for Manufacturing Firm Exports[J]. Review of World Economics, 2014 (150): 59-82.

Managi S, Hibiki A, Tsurumi T.Does Trade Openness Improve Environmental Quality? [J].Journal of Environmental Economics and Management, 2009 (58): 346-363.

Mani M, Wheeler D .In Search of Pollution Havens? Dirty Industry in the world Economy, 1960-1995[J]. Journal of Environment and Development, 1998 (7): 97-118.

MarÅa D P, Inmaculada M Z. Imported intermediate inputs and Egyptian exports: Exploring the links[R].Economics Department, Universitat Jaume I, Castell ó n(Spain), 2014.

Marc J M, Gianmarco I P O. Market Size, Trade, and Productivity[J]. Review of Economic Studies, 2008 (75): 295-316.

Marc J M, Stephen J R. Missing Gains from Trade?[J]. American Economic Review2014 (104): 317-321.

Marc J M, Stephen J R. New Trade Models, New Welfare Implications[J]. American Economic Review, 2015 (105): 1105-1146.

Marc J M. The Impact of Trade on Intra-Industry Reallocations and Aggregate Industry Productivity[J]. Econometrica, Econometric Society, 2003 (71): 1695-1725.

Maria B, Vanessa S K. Does Importing More Inputs Raise Exports? [J]. Review of World Economics, 2014 (150): 241-275.

Maria B. Trade, Foreign Inputs and Firms' Decisions: Theory and Evidence[R]. CEPII Research Center Working Papers 2009-35, 2009.

Mark G, Geerten V de K. Towards understanding the business environment for innovation in China: a research note[J]. International Journal of Business Environment, 2013 (5): 366-378.

Mary A, Jozef K. Trade Liberalization, Intermediate Inputs, and Productivity: Evidence from Indonesia[J].American Economic Review2007 (97): 1611-1638.

Mathews J A, Zander I. The international entrepreneurial dynamics of accelerated internationalisation[J].Journal of International Business Studies, 2007 (38): 387-403.

Matthieu C, Emmanuel M. The Servitization of French Manufacturing Firms[R]. CEPII Research Center, 2014.

Mattoo, Gaia N. Services Inputs and Firm Productivity in Sub-Saharan Africa: Evidence from Firm-Level Data[J].Journal of African Economies, 2008 (17): 578-599.

Melitz. The Impact of Trade on Intra-Industry Reallocations and Aggregate Industry Productivity[J]. Econometrica, Econometric Society, 2003 (71): 1695-1725.

Michael S. Crony Capitalism with Chinese Characteristics[R].Society for Economic Dynamics 2014 Meeting Papers 1145, 2014.

Michele I. Trade Liberalization, Intermediate Inputs and Firm Efficiency: Direct versus Indirect Modes of Import[R].University of Nottingham, 2014.

Minton B A, Schrand C.The impact of cash flow volatility on discretionary investment and the costs of debt and equity financing[J].Journal of Financial Economics, 1999 (54): 423-460.

Miriam B. License to Sell: The Effect of Business Registration Reform on Entrepreneurial Activity in Mexico[J]. the Review of Economics and Statistics, 2011 (93): 382-386.

Mohr A, Batsakis G. Internationalization speed and firm performance: A study of the market-seeking expansion of retail MNEs[J]. Management International Review, 2016 (57): 153-177.

Monica C L, Rafael D. Does Anti-competitive Service Sector Regulation Harm Exporters? [R].BBVA Bank Economic Research Department, 2014.

Morgan-Thomas A, Jones M V. Post-entry Internationalization Dynamics Differences between SMEs in the Development Speed of their International Sales[J]. Small Business Journal, 2009 (27): 71-97.

Morikawa M. Service Trade and Productivity: Firm-level evidence from Japan[R].Research Institute of Economy, Trade and Industry (RIETI), 2015.

Mudambi R, Zahra S A.The survival of international new ventures[J]. Journal of International Business Studies, 2007 (38): 333-352.

Musteen M, Francis J, Datta D K.The influence of international networks on internationalization speed and performance: A study of Czech SMEs[J]. Journal of World Business, 2010 (45): 197-205.

Naldi L, Davidsson P. Entrepreneurial growth: The role of international knowledge acquisition as moderated by firm age[J]. Journal of Business Venturing, 2014 (29): 687-703.

Nikos B, Stelios K. Do Education Quality and Spillovers Matter? Evidence on Human Capital and Productivity in Greece[J]. Economic Modelling, 2016 (54): 563-573.

North D, Thomas R. The Rise of the Western World: a New Economic

History[M]. Cambridge University Press, 1973.

North, D. Institution, Institutional Change and Economic Performance[M].NY: Cambridge University Press, 1990.

Nuno F. Market liberalizations at the Firm Level: Spillovers from ADRs and Implications for Local Markets[J]. Journal of International Money and Finance, 2009 (28): 293-321.

Ohyama A. Measuring the Effects of Demand and Supply Factors on Service Sector Productivity[R].Research Institute of Economy, Trade and Industry (RIETI), 2015.

Oleksandr S, Volodymyr V.Services Liberalization and Productivity of Manufacturing Firms[J]. Economics of Transition, 2015 (23): 1-44.

Olsson R, Gadde L E, Hulthen K. The Changing Role of Middlemen-Strategic Responses to Distriution Dynamics[J].Industrial Marketing Management, 2013 (42): 1131-1140.

Oriani R, Sobrero M.Uncertainty and the market valuation of R&D within a real options logic[J].Strategic Management Journal, 2008 (29): 343-361.

Ottaviano G, Tabuchi T, Thisse J. Agglomeration and Trade Revisited[J]. International Economic Review, 2002 (43): 409-436.

Oviatt B M, Mc Dougall P P. Defining international entrepreneurship and modeling the speed of internationalization[J]. Entrepreneurship Theory and Practice, 2005 (29): 537-554.

Oviatt B M, Mc Dougall P P. Toward a theory of international new ventures[J]. Journal of International Business Studies, 1994 (25): 45-64.

Pástor L, Veronesi P. Political Uncertainty and Risk Premia[J]. Journal of Financial Economics, 2013 (110): 520-545.

Conway P, Nicoletti G. Product market regulation and productivity convergence [J]. OECD Economic Studies, 2007, 15 (2): 3-24.

Petropoulou D. Information Costs, Networks and Intermediation in International

Trade[J]. Economics Series Working Papers, 2007.

Philippe A, Antonin B, et al.The Impact of Exports on Innovation: Theory and Evidence[R]. NBER Working Papers 24600, National Bureau of Economic Research, Inc, 2018.

Pinelopi K G, Amit K K, et al. Imported Intermediate Inputs and Domestic Product Growth: Evidence from India[J].Quarterly Journal of Economics, 2010 (125): 1727–1767.

Pol A, Arnaud C. Intermediated Trade[J]. the Quarterly Journal of Economics, 2011 (126): 1319–1374.

Powell, K S. Profitability and Speed of Foreign Market Entry[J]. Management International Review, 2014 (54): 31–45.

Prashantham S, Young S. Post-entry speed of international new ventures[J]. Entrepreneurship Theory and Practice, 2011 (35): 275–292.

Pravakar S, Ranjan K D. India's Surge in Modern Services Exports: Empirics for Policy[R].University of Antwerp, Faculty of Applied Economics, 2014.

Qiu L D, Zhou M, Wei X. Regulation, innovation, and firm selection: The porter hypothesis under monopolistic competition[J]. Journal of Environmental Economics and Management, 2018.

Rajeev H D, Arvind P. Trade Liberalization in Manufacturing and Accelerated Growth in Services in India[R].NBER Working Papers, 2014.

Renaud B, Gilbert C, Anastasia C. Employment and Productivity: Disentangling Employment Structure and Qualification Effects[J]. International Productivity Monitor, 2012 (23): 44–54.

Rijkers B, Baghdadi L, Raballand G. Political connections and tariff evasion: evidence from Tunisia[R].World Bank Policy Research Working Paper No. 7336, 2015.

Rikard F, Toshihiro O, Karen H, et al. Why are Firms that Export Cleaner? International Trade and CO_2 Emissions[R]. CESifo Working Paper Series 4817,

CESifo Group Munich, 2014.

Robert C F, Hong M. Trade Facilitation and the Extensive Margin of Exports[J]. Japanese Economic Review, 2014 (65): 158-177.

Ronen S, Shenkar O. Clustering countries on attitudinal dimensions: A review and synthesis[J]. Academy of Management Review, 1985 (10): 435-454.

Ruigrok, W, Wagner H. Internationalization and Performance: An Organizational Learning Perspective[J]. Management International Review, 2003 (43): 63-83.

Runge C. Free Trade, Protect Environment: Balancing Trade Liberalization and Environment Interests[M]. New York: Council on Foreign Relations Press, 1994.

Sapienza H J, Autio E, George G, et al. A capabilities perspective on the effects of early internationalization on firm survival and growth[J]. Academy of Management Review, 2006 (31): 914-933.

Sapienza H J, Sapienza H J, Autio E, et al. A capabilities perspective on the effects of early internationalization on firm survival and growth[J]. Academy of Management Review, 2006 (31): 914-933.

Schu M, Morschett D, Swoboda B. Internationalization speed of online retailers: A resource-based perspective on the influence factors[J]. Management International Review, 2016 (56): 733-757.

Scott R B, Nicholas B, et al. Why Has US Policy Uncertainty Risen since 1960?[J]. American Economic Review2014 (104): 56-60.

Scott R B, Nicholas B, et al. Davis. Measuring Economic Policy Uncertainty[J]. The Quarterly Journal of Economics2016 (131): 1593-1636.

Shaolong F, Dan G, et al. The Health Effects of Ambient PM2.5 and Potential Mechanisms[J]. Ecotoxicology and Environmental Safety, 2016 (128): 67-74.

Shariff A Z, Sopian K. The Comparison Logit and Probit Regression Analyses in Estimating the Strength of Gear Teeth[J].European Journal of Scientific Research, 2009(27): 548-553.

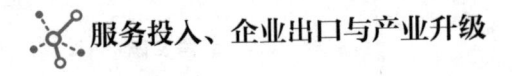

Sheng P. Environmental Pollution and the Income Gap between Urban and Rural Residents: Impacting Mechanism and Evidence from China's Economic Facts[J]. China population, resources and environment, 2017(27): 56-63.

Shepotylo O, Vakhitov V. Impact of Services Liberalization on Productivity of Manufacturing Firms: Evidence from Ukrainian Firm-level Data[R].the World Bank Policy Research Working Paper, 2012.

Shrader R C, Oviatt B M, et al.How new ventures exploit trade-offs among international risk factors: Lessons for the accelerated internationalization of the 21st century[J]. Academy of Management Journal, 2000(43): 1227-1247.

Sleuwaegen L, Onkelinx J. International commitment, post-entry growth and survival of international new ventures[J]. Journal of Business Venturing, 2014(29): 106-120.

Stahls M, Saikku L, Mattila T. Impacts of International Trade on Carbon Flows of Forest Industry in Finland[J]. Journal of Cleanser Production, 2011(19): 1842-1848.

Steven D S. Human Capital in Personal Consumption and Labour Force Productivity: Evidence from an OECD Panel[J]. Applied Economics Letters, 2015(22): 529-538.

Stijn V, Ilke V B. Human Capital, Firm Capabilities and Productivity Growth[R]. National Bank of Belgium Working Paper Research, 2014.

Sui S, Baum M. Internationalization strategy, firm resources and the survival of SMEs in the export market[J]. Journal of International Business Studies, 2014(45): 821-841.

Kareem T S, Owomoyela S K, Oyebamiji F F. Electronic Commerce and Business Performance: An Empirical Investigation of Business Organizations in Nigeria [J]. International Journal of Academic Research in Business and Social

Sciences, 2014(4): 215-223.

Tan H, Mathews J A. Accelerated internationalization and resource leverage strategizing: The case of Chinese wind turbine manufacturers[J]. Journal of World Business, 2015(50): 417-427.

Tan D, Meyer K E. Business groups' outward FDI: A managerial resources perspective[J].Journal of International Management, 2010(16): 154-164.

Taylor M, Jack R. Understanding the Pace, Scale and Pattern of Firm Internationalization: An Extension of the 'born global' Concept[J]. International Small Business Journal, 2013(31): 701-721.

Teece D J, Pisano G, et al. Dynamic capabilities and strategic management[J]. Strategic Management Journal, 1997(18): 509-533.

Tegarden L F, Hatfield D E, et al.Doomed from the start: what is the value of selecting a future dominant design?[J].Strategic Management Journal, 1999(20): 495-518.

Terzi N. The impact of E-commerce on International Trade and Employment[J]. Procedia-Social and Behavioral Sciences, 2011(24): 745-753.

Mayer T, Melitz M J, Ottaviano G I P .Market Size, Competition and the Product Mix of Exporters[J]. American Economic Review, 2014(104): 495-536.

Thomas D E, Eden L. What is the Shape of the Multinationality performance Relationship? [J].Multinational Business Review, 2004(12): 89-110.

Toshihiro O, Rikard F, Karen H U M. Why are Firms that Export Cleaner? International Trade, Abatement and Environmental Emissions[R].Keio-IES Discussion Paper, 2018.

Tranfield D, Denyer D, Smart P. Towards a methodology for developing evidence-informed management knowledge by means of systematic review [J].British Journal of Management, 2003(14): 207-222.

Ulrica v T S, Henna H, Susanne T. Leadership Training as an Occupational Health Intervention: Improved Safety and Sustained Productivity[J]. Safety

Science, 2016 (81): 35–45.

Unjung W. Who Exports Better Quality Products to Smaller or More Distant Markets? [J].Review of International Economics, 2014 (22): 578–598.

Vandewalle D. Development and validation of a work domain goal orientation instrument[J].Educational and Psychological Measurement, 1997 (57): 995–1015.

Vemuri V K, Siddiqi S.Impact of Commercialization of the Internet on International Trade: A Panel Study Using the Extended Gravity Model[J]. The International Trade Journal, 2009 (23): 458–484.

Vermeulen F, Barkema H.Pace, rhythm, and scope: Process dependence in building a profitable multinational corporation[J]. Strategic Management Journal, 2002 (23): 637–653.

Weeds H.Strategic delay in a real options model of R&D competition[J].The Review of Economic Studies, 2002 (69): 729–747.

Weerawardena J, Mort G S, Liesch P W, et al. Conceptualizing accelerated internationalization in the born global firm: A dynamic capabilities perspective[J]. Journal of World Business, 2007 (42): 294–306.

Wei T, Clegg J, Ma L. The conscious and unconscious facilitating role of the Chinese government in shaping the internationalization of Chinese MNCs[J]. International Business Review, 2015 (24): 331–343.

Wernerfelt B.A resource-based view of the firm[J]. Strategic Management Journal, 1984 (5): 171–180.

Wilson, J S, Mann C L, Otsuki T. Assessing the Benefits of Trade Facilitation: A Global Perspective[J].The World Economy, 2005 (28): 841–871.

Yothin J, Ganeshan W. An Empirical Assessment of the Export—Financial Constraint Relationship: How Different is Small and Medium Enterprises?[J]. World Development, 2016 (1): 152–163.

Yu J F, Gilbert B A, Oviatt B M. Effects of alliances, time, and network cohesion on the initiation of foreign sales by new ventures[J]. Strategic Management Journal, 2011 (32): 424-446.

Yu J, Shen K, Liu Desu.Rural-Urban Migration, Substitutability of Human Capital and City Productivity: Evidence from China[J]. Review of Development Economics, 2015 (19): 877-891.

Yuan L, Pangarkar N, Wu J. The interactive effect of time and host country location on Chinese MNCs' performance: An empirical investigation[J]. Journal of World Business, 2016 (51): 331-342.

Yuan L, Pangarkar N. Performance implications of internationalization strategies for Chinese MNCs[J]. International Journal of Emerging Markets, 2015 (10): 272-292.

Zahra S A, George G. International entrepreneurship: The current status of the field and future research agenda // Hitt M A, Ireland R D. Strategic Entrepreneurship: Creating a New Mindset[M].Oxford: Bl, 2002.

Zahra S A, Ireland R D, Hitt M A. International expansion by new venture firms: International diversity, mode of market entry, technological learning, and performance[J].Academy of Management Journal, 43 (5): 925-950.

Zhou L X, Wu A Q. Earliness of internationalization and performance outcomes: Exploring the moderating effects of venture age and international commitment[J]. Journal of World Business, 2014 (49): 132-142.

Zhou L.The effects of entrepreneurial proclivity and foreign market knowledge on early internationalization[J]. Journal of World Business, 2007 (42): 281-293.

Zivin J G, Neidell M. The Impact of Pollution on Worker Productivity[J]. American Economic Review, 2012 (102): 3652-3673.

Abadie A, Imbens G W.Bias Corrected Matching Estimated for Average Treatment Effects[J]. Journal of Business and Economics Statistics, 2011(29): 1-11.

Alquist R, Berman N, Mukherjee R, et al. Financial Constraints, Institutions, and Foreign Ownership[J]. Journal of International Economics, 2019, 118 (C): 63-83.

Ani G, John Q. Market Selection with Differential Financial Constraints[J]. Econometrica, Econometric Society, 2019, 87 (5): 1693-1762.

Carson S J, Madhok A, Wu T. Uncertainty, Opportunism, and Governance: The Effects of Volatility and Ambiguity on Formal and Relational Contract[J]. Academy of Management Journal, 2006, 49: 1058-1077.

Chang, X, Chen Y, Dasgupta S. Macroeconomic Conditions, Financial Constraints and Firms Financing Decisions[J]. Journal of Banking & Finance, Elsevier, 2019, 101 (C): 242-255.

Dayong X. Research on Development Strategy of Anshan Tianxin[J]. Malaysian E Commerce Journal, 2019, 3 (1): 10-14.

Driver C, Muñoz-Bugarin J. Financial Constraints on Investment: Effects of Firm Size and the Financial Crisis[J]. Research in International Business and Finance, Elsevier, 2019, 47 (C): 441-457.

Hassan F G. The effects of economic policy and political uncertainties on economic activities[J]. Research in International Business and Finance, 2019, 48 (C): 210-218.

Hyoung S Y, Chul L, Seung-Pyo J. The Characteristics of SMEs Preferring Cooperative Research and Development Support from the Government: The Case of Korea, Sustainability, MDPI[J]. Open Access Journal, 2018, 10 (9): 1-18.

Lin C, Sumei L, Tian Z. Financial Constraints, Trade Mode Transition, and Global Value Chain Upgrading of Chinese Firms[J]. Sustainability, 2019, 11 (17): 1-18.

Miaochen L, Manying B. Political uncertainty and corporate debt financing: empirical evidence from China[J]. Applied Economics, Taylor & Francis Journals, 2019, 51 (13): 1433-1449.

Michael S. Employment Effects of Financial Constraints during the Great Recession[J].The Review of Economics and Statistics, 2019, 101(1): 16-29.

Okamuro H. Determinants of successful R & D cooperation in Japanese small businesses: The impact of organizational and contractual characteristics[J]. Research Policy, 2007, 36: 1529-1544.

Ueda K, Ishide A, Goto Y. Listing and financial constraints[J]. Japan and the World Economy, 2019, 49(C): 1-16.

Xinning Y, Yanfei L, Ruiqing Z. Cooperation royalty contract design in research and development alliances: Help vs. knowledge-sharing[J].European Journal of Operational Research, 2018, 268(2): 740-754.

Xinning Y, Yanfei L, Ruiqing Z. Cooperation royalty contract design in research and development alliances: Help vs. Knowledge-sharing[J]. European Journal of Operational Research, 2018, 268(2): 740-754.

后　　记

在写这本书后记的时候，美国总统特朗普刚在记者会上表示，将取消给予香港的特别待遇政策豁免。在之前半个月，美国政府宣布：全世界半导体企业，如果为华为生产芯片，就需要获得美国许可。看似毫不相关的两件事情，其实质是相似的，即随着世界面临的不稳定性不确定性突出，全球贸易自由化投资便利化正在遭到着前所未有的破坏，全球制造业以服务投入提高企业出口继而引领产业升级的发展趋势面临新挑战新考验。本书正是在这种背景下把近些年的所思所想所悟整理成书，以飨读者。

感谢我的老师赵景峰教授。自 2004 年初次结识以来，至今已有十六年有余。我想用"亦师亦友"这个词语来形容和先生之间的关系。"亦师"，先生大我十八岁，在我做学问方面言传身教悉心指导。时至今日，先生的谆谆教导总是铭记在心上。"亦友"，十来年间，先生在为人处世方面多次亲自给我开导解惑，帮我走出困境，使我逐步养成了乐观豁达开朗大度的性情，也算是一种"忘年交"吧。

感谢我的单位领导和老师们。感谢河北大学经济学院院长成新轩教授，她既是我的领导还是我的老师，不断鼓励我勇于钻研多出高质量成果。还要感谢顾六宝教授、王金营教授、李惠茹教授、马文秀教授、尹成远教授、胡耀岭教授、陈兰杰教授、周稳海教授、郑林昌教授、席增雷教授、户艳领教授等，他们在本书撰写过程中给予了我很多支持，提出了很多宝贵的修改意见。还要感谢我的研究生郭家琛、崔梦嫒、辛文锦等，他们参与了书稿的审核与校对工作。

后 记

  感谢我的家人。我的父母一辈子辛苦，好不容易把我们姐弟三个抚养成人。时至今日，自己事业略有小成，总想把他们接过来尽尽孝心。也许是不愿意给我增添负担，也许是喜欢自由自在的生活，他们每次过来只是住上一段时间就回老家了。我尊重他们的选择，毕竟每个人都喜欢自由自在和无拘无束。还要感谢我的爱人梁翠女士和我的女儿王培君、儿子王修远。她们始终是我努力工作、乐观向上的动力。还要感谢知识产权出版社于晓菲女士，正是她的专业水平和积极鼓励最终促成了本书的出版。感谢我的合作者石家庄学院陆相林副教授参与完成第八章、第九章共计1.1万字的写作，河北大学张寒蒙老师参与第十章的写作。

  这本书前前后后经历了四年时间，其中甘苦惟有自知。最后，我想用一部电影中的台词，结束这项工作：

  "在变幻的生命中，岁月，原来是最大的小偷……"

保定·京南一品

二〇二〇年六月一日